O NOVO MUNDO DA IA:

Expandir os Limites do Conhecimento

pela

Revista Mekiki

Publicado em português por Letras Ausentes Unipessoal LDA

ISBN: 979-8-89214-021-8

Título: O Novo Mundo da IA: Expandir os Limites do Conhecimento

Autor: Mekiki

Editor: I. Calheiros

Capa do livro por: Álvaro Oliveira para a Mekiki Magazine

Design gráfico: Álvaro Oliveira para Mekiki Magazine

Tradutor: Ingrid Seabra

Publicado pela primeira vez em português em 2023 por Letras Ausentes Unipessoal Lda.

Como autor, queremos revelar que utilizamos ferramentas de IA para editar e melhorar a nossa escrita. Estas ferramentas de IA, incluindo a edição, a gramática e a correção ortográfica, ajudam-nos a melhorar a qualidade e a legibilidade do nosso trabalho. No entanto, é essencial reconhecer que os sistemas automatizados não são infalíveis. Embora nos esforcemos por garantir a exatidão e a clareza dos nossos textos, é aconselhável que os leitores exerçam o seu próprio discernimento e pensamento crítico. O nosso empenho continua a centrar-se em proporcionar a melhor experiência de leitura possível e agradecemos sinceramente a sua compreensão e apoio neste esforço.

ÍNDICE

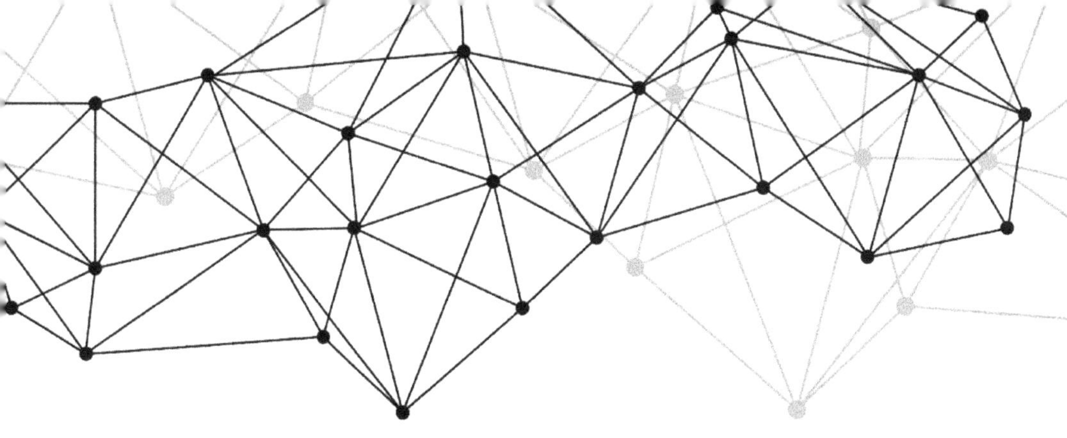

INTRODUÇÃO

Enquanto escrevo estas palavras, o mundo fora da minha janela continua como sempre. Os pássaros cantam as suas serenatas matinais, os carros zumbem ao longe e o sol embarca na sua viagem para oeste através do céu. Tudo está como deveria estar e, no entanto, por baixo deste verniz de normalidade, ocorre uma revolução invisível — uma revolução destinada a mudar o próprio tecido da nossa existência. Bem-vindo, caro leitor, à aurora da era da IA.

A Inteligência Artificial, ou IA, como é carinhosamente conhecida, já não é um sonho distante confinado ao reino da ficção científica. Está aqui, vivendo entre nós, tecendo subtilmente a sua magia na tapeçaria das nossas vidas quotidianas. Desde o momento em que pede ao seu assistente virtual a previsão meteorológica do dia até ao momento em que desbloqueia o seu 'smartphone' com um olhar, interage com a IA. Despretensiosa, mas poderosa, a IA transforma progressivamente como vivemos, trabalhamos e pensamos.

No entanto, a história da IA está longe de ser linear. É uma história repleta de paradoxos, uma narrativa que tem tanto de estimulante como de assustadora. A IA oferece oportunidades ilimitadas, tais como cidades que estão em sincronia connosco, educação que se adapta ao ritmo de cada aluno e cuidados de saúde que podem prever doenças antes de aparecerem. Por outro lado, obriga-nos a enfrentar questões profundas sobre a deslocação de empregos, preocupações com a privacidade e dilemas éticos.

Este livro é uma exploração dessa história e uma análise exaustiva do intrigante mundo da IA. É uma viagem que nos levará desde os agitados centros tecnológicos de Silicon Valley até aos vibrantes ecossistemas de start-ups do Sul Global. Dos corredores sagrados do mundo académico aos laboratórios de investigação mais modernos, ultrapassando os limites do que é possível. Ao longo do caminho, conheçamos os inovadores, os disruptores, os sonhadores e os dissidentes que moldam o panorama da IA.

No entanto, este livro não é apenas sobre a IA; é sobre nós — a humanidade. Reflete como podemos navegar neste admirável mundo novo com sabedoria, empatia e previsão. É sobre as escolhas que fazemos hoje e que determinarão o tipo de futuro que legaremos às gerações futuras.

Quer seja um tecnólogo experiente, um observador curioso, um decisor político ou um estudante a tentar compreender esta paisagem em rápida evolução, este livro é para si. É um convite ao diálogo e um apelo ao envolvimento com a tecnologia mais transformadora do nosso tempo.

Por isso, aperte o cinto e prepare-se para uma aventura emocionante. A revolução da IA chegou, e é altura de nos inclinarmos e de a aceitarmos. Ao virar esta página, não está apenas a iniciar um novo capítulo de um livro, mas sim nos anais da história humana. Bem-vindo a bordo, caro leitor. A nossa exploração do futuro começa agora.

Por que este livro? A necessidade de uma perspetiva abrangente e multidimensional da IA

Imerso no barulho rítmico das teclas que ecoam os meus pensamentos na tela digital da nossa era, dou por mim a contemplar uma pergunta que pode muito bem-estar a fazer a si próprio — por que este livro?

Num mundo repleto de um mar quase infinito de informação, em que o discurso sobre a inteligência artificial (IA) flui e reflui através de revistas académicas, artigos noticiosos, 'podcasts' e 'tweets', por que dedicar horas preciosas a esta narrativa em particular?

A resposta, creio eu, está no paradoxo que é a própria IA. Um paradoxo onde a tecnologia mais profundamente transformadora da nossa era é frequentemente a menos compreendida, o seu potencial o mais subestimado e os seus riscos os mais subestimados. Vivemos numa época em que a IA já não é um conceito abstrato e futurista. Está aqui, permeando subtilmente o tecido da nossa existência, desde os 'smartphones' nos nossos bolsos até aos assistentes digitais nas nossas casas, desde os algoritmos que organizam as nossas experiências em linha até aos sistemas automatizados que sustentam as nossas economias.

Contudo, apesar da presença omnipresente da IA, existe um grande fosso entre o mundo da IA e o mundo em geral. Um abismo que nasce de um jargão inacessível, de uma curva de aprendizagem aparentemente intransponível e de uma história que oscila frequentemente entre o medo irracional e o entusiasmo infundado. Este livro é a minha humilde tentativa de colmatar essa lacuna — de tornar o complexo mundo da IA não só acessível, mas também cativante e relevante para si, o leitor.

Mas este não é apenas um livro sobre a IA. É um livro sobre nós. A história da IA está intrinsecamente ligada à nossa própria narrativa, refletindo os nossos preconceitos, ampliando as nossas capacidades e desafiando as nossas construções éticas. É uma narrativa que nos obriga a confrontarmo-nos não só com o que somos, mas também com o que aspiramos ser.

Este livro fornece uma perspetiva abrangente e multidimensional da IA. Não se debruça apenas sobre o "como" da IA — algoritmos, dados e modelos — mas também sobre o "por que" — as implicações sociais, os dilemas éticos e os desafios políticos. Explora o potencial da IA para dar poder e privar de direitos, para criar e destruir, para libertar e controlar.

Além disso, recorre a um leque diversificado de vozes — de cientistas informáticos a especialistas em ética, de educadores a decisores políticos, de veteranos da indústria a empresas em fase de arranque — para traçar um quadro holístico do panorama da IA. Navega pelo passado e pelo presente para iluminar possíveis futuros, examinando como a IA se desenvolveu, onde se encontra atualmente e onde nos poderá levar amanhã.

Quer seja um estudante a debater-se com os fundamentos, um profissional interessado em tirar partido da IA na sua indústria, um decisor político a navegar no complexo terreno da governação da IA ou uma mente curiosa intrigada com as promessas e perigos da IA, este livro é para si. Ao ler este livro, espero que não se limite a aprender sobre a IA, mas que também se envolva com ela, a questione e a molde. A história da IA não é apenas uma história sobre tecnologia. É uma história sobre pessoas, sobre a sociedade e sobre nós. E é uma história que é demasiado importante para ser deixada a uns poucos privilegiados.

Por isso, convido-vos a fazer esta viagem comigo, um percurso que atravessa a intrigante paisagem da IA, uma viagem que explora não só a mente da máquina, mas também o coração da humanidade. Afinal de contas, a narrativa da IA continua a ser escrita e todos temos um papel a desempenhar na sua construção.

Quem deve ler este livro?

Estando à beira da nossa aventura coletiva na inteligência artificial (IA), reflito sobre a quem se destina esta exploração. Quem deve acompanhar-nos nesta expedição ao coração da nossa sociedade digital moderna? Quem beneficiará mais com esta narrativa meticulosamente tecida?

A resposta é tão complexa e multifacetada como a própria IA. Este livro, com a sua lente e abordagem expansivas, foi concebido para ter repercussões num amplo espetro de indivíduos, cada um trazendo a sua perspetiva única para o discurso partilhado sobre a IA.

Se é um estudante, quer esteja no ensino secundário ou na universidade, a debater-se com o papel cada vez mais importante que a IA desempenha no nosso mundo, este livro é para si. Este livro conduzi-lo-á através do complexo e intrincado labirinto da IA, tornando os conceitos complexos compreensíveis e interessantes. Este livro fornecer-lhe-á os conhecimentos fundamentais de que necessita para explorar mais profundamente este domínio fascinante, despertando a sua curiosidade e fomentando o gosto pela aprendizagem ao longo da vida.

Para os profissionais, quer seja um engenheiro de 'software' experiente, um executivo de 'marketing', um profissional de saúde ou um empresário, este livro é o seu companheiro. Oferece uma visão sobre como a IA transforma o seu setor e fornece orientações sobre como aproveitar o potencial da IA para inovar, perturbar e sobressair. Nestas páginas, encontrará não só conhecimentos técnicos, mas também discussões sobre as implicações éticas, legais e sociais da IA em contextos profissionais.

Decisores políticos, este livro é o vosso aliado. Na pressa de legislar e regulamentar a IA, é crucial compreender a tecnologia, as suas capacidades e as suas limitações. Este livro oferece uma perspetiva equilibrada, apresentando os potenciais benefícios da IA com os potenciais riscos e desafios. Apresenta um caminho para uma política informada e eficaz, equilibrando a inovação com a proteção e o progresso com a ética.

Para os filósofos, especialistas em ética e sociólogos, este livro é um tesouro. Procura as questões profundas que a IA coloca sobre a consciência, a parcialidade, a moralidade e a sociedade. Convida-o a envolver-se nos debates filosóficos que são cada vez mais relevantes para o nosso mundo infundido pela IA.

Finalmente, se é um leigo curioso sobre a palavra-chave "IA" que parece permear todos os aspetos da vida moderna, este livro é o seu guia. Este livro leva-o numa viagem desde os conceitos básicos da IA até ao seu potencial futuro, desmistificando o jargão e fundamentando conceitos abstratos em exemplos do mundo real.

Este livro destina-se a todos os que fazem parte do nosso mundo moderno e interligado. A IA não é um domínio isolado aplicável apenas a cientistas informáticos ou entusiastas da tecnologia. É uma parte essencial do nosso tecido social, influenciando tudo, desde os cuidados de saúde à educação, da economia à ética, da política à privacidade.

Quer seja um perito nesta área, um observador interessado ou qualquer outra pessoa no meio, este livro tem algo para si. Porque na grande narrativa da IA, todos temos um papel a desempenhar e, através da compreensão, podemos garantir que esse papel nos conduz a um futuro na qual a IA é utilizada de forma responsável, ética e para benefício de todos.

CAPÍTULO 1

Os Fundamentos:

Compreender o Enviesamento
da IA e Garantir a Equidade

Desvendar as fontes do enviesamento da IA

Antes de explorarmos o complexo mundo da inteligência artificial, é crucial examinar a questão do enviesamento que está presente no seu tecido. Inconscientes ou não, os preconceitos constituem a corrente subjacente à tomada de decisões humanas, orientando subtilmente as nossas escolhas e julgamentos. No mundo da IA, onde a tomada de decisões é cada vez mais confiada a algoritmos, compreender e lidar com a parcialidade não é apenas crucial. É imperativo.

O enviesamento na IA não é um fenómeno isolado, mas antes uma interação complexa de vários fatores. Para compreender plenamente as suas origens, temos de investigar as três principais fontes de enviesamento da IA: enviesamento dos dados, enviesamento algorítmico e enviesamento sistémico.

O enviesamento dos dados resulta da informação que introduzimos nos nossos modelos de IA. A IA aprende com os dados. Se os dados com que aprende forem distorcidos, incompletos ou não representativos, a IA refletirá e perpetuará esses preconceitos. Considere-se, por exemplo, os sistemas de reconhecimento facial treinados principalmente com imagens de homens de pele clara. Sem surpresa, estes sistemas têm dificuldade em reconhecer com exatidão indivíduos que se desviam desta "norma", apresentando taxas de erro elevadas para rostos de mulheres e de pele escura.

A seguir, encontramos o enviesamento algorítmico, que decorre da conceção e da estrutura dos próprios algoritmos de IA. Mesmo que seja treinado com base em dados perfeitamente equilibrados, um algoritmo pode apresentar preconceitos se for concebido para favorecer resultados específicos ou características. Por exemplo, um algoritmo de contratação pode ser involuntariamente concebido para favorecer candidatos de universidades prestigiadas, perpetuando assim o preconceito em relação a candidatos com antecedentes privilegiados.

Por último, o preconceito sistémico refere-se aos preconceitos sociais, culturais e institucionais mais amplos que influenciam o desenvolvimento e a implementação da IA. Por exemplo, um modelo de IA desenvolvido num contexto ocidental pode não ter um bom desempenho quando aplicado num contexto não ocidental, refletindo os preconceitos e pressupostos culturais dos seus criadores.

Desvendar estas fontes de parcialidade da IA é uma tarefa formidável, mas é também uma oportunidade. Ao reconhecer e abordar os preconceitos, podemos esforçar-nos por criar sistemas de IA que sejam mais justos, mais equitativos e que reflitam verdadeiramente o mundo diversificado em que habitam. A viagem pode ser complexa e o terreno desafiante, mas o destino — um mundo no qual a IA serve toda a humanidade e não apenas alguns selecionados — vale o esforço.

Ao navegarmos juntos nesta viagem, lembremo-nos de que compreender a parcialidade não significa atribuir culpas. Trata-se de reconhecer a falibilidade inerente às nossas criações e esforçarmo-nos por fazer melhor. Afinal, nas palavras de Alan Kay, um cientista informático de renome, "A melhor forma de prever o futuro é inventá-lo". Por isso, inventemos um futuro no qual a IA não seja apenas inteligente, mas também justa.

Impacto no mundo real dos sistemas de IA tendenciosos

No domínio da inteligência artificial, a parcialidade não é apenas uma preocupação académica. Não se limita a linhas de código ou a terabytes de dados. Transcende o mundo digital e infiltra-se na nossa realidade física, lançando longas sombras, muitas vezes invisíveis, na nossa vida quotidiana. À medida que os sistemas de IA tornam-se cada vez mais parte integrante das nossas sociedades, os impactos dos preconceitos nestes sistemas fazem-se sentir mais profundamente do que nunca.

Consideremos o caso dos cuidados de saúde, um domínio no qual a IA é extremamente promissora, desde a previsão de surtos de doenças à personalização de planos de tratamento. Mas o que acontece quando os sistemas de IA que tomam essas decisões são tendenciosos? Por exemplo, um estudo de 2019 publicado na revista Science revelou que um sistema de IA usado para orientar as decisões de cuidados de saúde tinha menos probabilidade de recomendar cuidados médicos adicionais para pacientes negros do que para pacientes brancos com as mesmas condições de saúde. A IA não foi explicitamente programada para considerar a raça. Era tendenciosa porque fora treinada com base em dados de custos, que refletiam uma tendência sistémica no acesso e utilização dos cuidados de saúde.

No domínio da justiça penal, as ferramentas de avaliação de risco baseadas em IA são utilizadas para prever a probabilidade de um indivíduo cometer um crime no futuro. Estas ferramentas podem influenciar decisões sobre fiança, sentença e liberdade condicional. No entanto, as investigações revelaram a existência de preconceitos raciais nestas ferramentas, com os algoritmos a classificarem erradamente os arguidos negros como sendo de "alto risco" quase duas vezes mais do que os arguidos brancos.

Os preconceitos na IA também afetam significativamente o mercado de trabalho. Muitas empresas utilizam sistemas de IA para selecionar currículos e prever o desempenho profissional. Se estes sistemas forem treinados com base em dados históricos de contratação, podem facilmente aprender e perpetuar os preconceitos existentes, prejudicando sistematicamente determinados grupos de pessoas. Por exemplo, uma IA pode aprender que os engenheiros de 'software' mais bem sucedidos nos seus dados de formação são do sexo masculino e, consequentemente, desvalorizar as candidatas a essas funções.

A proliferação de tecnologias de reconhecimento facial apresenta outro domínio na qual a parcialidade pode ter consequências graves. Estes sistemas, que se sabe terem um desempenho menos exato para indivíduos com tons de pele mais escuros ou para mulheres, são cada vez mais utilizados na vigilância e na aplicação da lei, o que pode levar a identificações erradas e a resultados injustos.

Estes exemplos não são anómalos. São sintomáticos de uma questão mais vasta: os impactos no mundo real dos sistemas de IA tendenciosos. Mostram-nos que o preconceito na IA não tem apenas a ver com equidade; tem a ver com justiça, igualdade e direitos humanos.

A intenção deste livro não é provocar medo ou desconfiança relativamente à IA, mas sim promover a consciencialização e a compreensão. À medida que nos aventuramos no mundo da IA, devemos estar conscientes de que não estamos apenas a moldar a tecnologia, mas também o nosso futuro coletivo. Nesse futuro, não deve haver lugar para preconceitos. Este livro sublinha a necessidade urgente de sensibilização, compreensão e ação à medida que navegamos na paisagem em evolução da IA.

Estratégias para atenuar os preconceitos: uma abordagem técnica e social

Abordar o preconceito na IA é como desembaraçar um nó complexo; requer delicadeza e uma abordagem multifacetada. A mitigação do enviesamento não é apenas um desafio técnico; é um desafio social, que exige estratégias que abrangem a recolha de dados, a conceção de modelos, a implementação e muito mais.

Comecemos pelos aspetos técnicos. Uma das formas mais diretas de atenuar o enviesamento é ao nível dos dados. Isto inclui técnicas como a sobreamostragem de grupos sub-representados, a subamostragem de grupos sobre-representados ou a criação sintética de conjuntos de dados equilibrados. No entanto, isto nem sempre é viável ou ético, especialmente quando estão em causa atributos sensíveis como a raça ou o género.

Outra abordagem reside na conceção e treino de modelos de IA. Os algoritmos podem ser ajustados para reduzir o enviesamento — por exemplo, introduzindo uma restrição de equidade durante o treino ou pós-processamento das previsões do modelo para garantir resultados justos. Nos últimos anos, surgiu um ramo da IA conhecido como "aprendizagem automática consciente da equidade", que se centra especificamente nestas e noutras técnicas.

No entanto, como vimos, a parcialidade na IA não é apenas uma questão de dados ou algoritmos. Tem também a ver com os sistemas e estruturas na qual a IA é desenvolvida e implementada. Por conseguinte, para atenuar eficazmente os preconceitos, temos de olhar para além do domínio técnico e considerar estratégias sociais.

Uma estratégia social fundamental é a diversidade e a inclusão nas equipas de desenvolvimento da IA. A existência de um grupo diversificado de pessoas envolvidas na conceção e construção de sistemas de IA pode ajudar a revelar e a desafiar preconceitos e pressupostos inconscientes. Trata-se de garantir que uma multiplicidade de vozes e perspetivas sejam ouvidas e não apenas as de alguns privilegiados.

A regulamentação é outra ferramenta social importante. Os governos e os organismos reguladores podem desempenhar um papel fundamental na definição de diretrizes e normas para uma IA justa, bem como na auditoria dos sistemas de IA para garantir a sua conformidade. No entanto, a regulamentação deve encontrar um equilíbrio delicado — deve proteger contra preconceitos prejudiciais sem sufocar a inovação.

Temos de promover uma cultura de transparência e responsabilidade na IA. Isto inclui uma documentação clara das fontes de dados, metodologias e decisões, bem como mecanismos para auditar e contestar os resultados da IA. O 'software' de código aberto, a análise pelos pares, as auditorias de terceiros e as ferramentas de "explicabilidade da IA" podem contribuir para esta cultura.

Na nossa tentativa de mitigar o enviesamento na IA, temos de nos lembrar que não existe uma solução única para todos os casos. Cada caso de utilização é único, e o que funciona num contexto pode não funcionar noutro. O desafio é complexo; os riscos são elevados, mas as recompensas são ainda maiores — um mundo no qual a IA não é apenas inteligente, mas também justa e equitativa. Ao navegarmos nesta viagem, lembremo-nos que a tecnologia que criamos é uma refleção nossa, os seus criadores. Se nos esforçarmos por ser justos em nós, podemos incutir justiça nas nossas criações.

Perceções de especialistas e estudos de casos

As perceções dos especialistas e os estudos de casos reais ajudam-nos a transformar conceitos abstratos em realidades tangíveis. Trazem à vida as experiências humanas por detrás dos algoritmos e dos dados, recordando-nos o porquê da nossa busca por uma IA justa.

Comecemos com os conhecimentos especializados da Dr.ª Timnit Gebru, uma investigadora de renome conhecida pelo seu trabalho inovador no domínio da ética da IA. A investigação da Dr.ª Gebru sublinhou a importância das equipas interdisciplinares na IA. Afirma que os tecnólogos sozinhos não conseguem resolver o problema dos preconceitos, sublinhando a necessidade de envolver cientistas sociais, antropólogos, especialistas em ética e outros que compreendam as complexas 'nuances' das sociedades humanas. O trabalho de Gebru é um poderoso lembrete de que a IA tem implicações humanas e é essencialmente um esforço humano.

Passemos agora a um estudo de caso persuasivo: O analisador de sentimentos alimentado por IA da Google. Inicialmente, observou-se que este sistema de IA associava um sentimento negativo a determinadas frases relacionadas com o género, a raça ou a religião. Reconhecendo este problema, a Google conduziu um projeto abrangente de atenuação de preconceitos. A sua abordagem foi tripla: aperfeiçoar o processo de formação do modelo, incorporar diversos revisores humanos no desenvolvimento do sistema e testar continuamente a existência de preconceitos. Este esforço resultou em melhorias substanciais na equidade do sistema, bem como em lições valiosas sobre a natureza contínua da atenuação de preconceitos.

Outra perspetiva esclarecedora dos especialistas vem de Joy Buolamwini, fundadora da Algorithmic Justice League. Buolamwini chamou a atenção para os perigos do "olhar codificado", o preconceito presente nos sistemas de reconhecimento facial. A sua investigação revelou disparidades significativas no desempenho destes sistemas em diferentes grupos demográficos, desencadeando conversas importantes sobre a justiça algorítmica. O trabalho de Buolamwini sublinha a necessidade de um escrutínio contínuo dos sistemas de IA, mesmo após serem implementados.

Um estudo de caso que ilustra bem este ponto é a ferramenta de avaliação de risco COMPAS utilizada no sistema de justiça criminal. Apesar das alegações de neutralidade, a análise mostrou que o algoritmo era tendencioso contra os arguidos afro-americanos. A controvérsia desencadeou um debate público sobre a transparência, a justiça e a responsabilidade dos sistemas de IA, influenciando as discussões políticas e inspirando mais investigação sobre técnicas de aprendizagem automática justas.

Estas ideias de especialistas e estudos de casos iluminam o caminho para uma IA justa. Recordam-nos que mitigar o enviesamento não é apenas um exercício teórico, mas um compromisso prático e contínuo. Mostram-nos que, embora a viagem possa ser complexa, o destino — um mundo no qual a IA serve toda a humanidade justamente — está ao nosso alcance. À medida que avançamos, inspiremo-nos nestes pioneiros e lembremo-nos de que cada um de nós tem um papel a desempenhar na construção de um futuro de IA justo.

CAPÍTULO 2

Desmistificar a IA:

Rumo à Transparência e à Explicabilidade

Porque é que a transparência e a explicabilidade são importantes na IA

No coração de uma floresta densa e antiga, há um ribeiro límpido e murmurante. A água é tão cristalina que é possível ver os seixos no fundo, e os peixes que se lançam entre eles. Este riacho representa o sistema de IA ideal — transparente e explicável. Mas é que isto é importante? Por que é que devemos aspirar a que os nossos sistemas de IA sejam como este riacho límpido?

A transparência e a explicabilidade na IA são importantes por várias razões cruciais, tanto práticas como éticas. Exploremos estas razões descascando as camadas deste argumento como uma cebola.

A primeira camada é a mais imediata — a confiança. A IA está cada vez mais a tomar decisões com um impacto profundo na vida das pessoas, desde diagnósticos de cuidados de saúde a candidaturas a emprego e pontuações de crédito. Se as pessoas não compreenderem como estas decisões são tomadas, é pouco provável que confiem nelas. Sem confiança, a adoção e a aceitação dos sistemas de IA são dificultadas, prejudicando os seus potenciais benefícios.

A segunda camada está relacionada com a justiça e a parcialidade, temas que explorámos no capítulo anterior. A transparência permite-nos escrutinar os sistemas de IA em busca de parcialidade ou injustiça. Permite-nos ver como são tomadas as decisões e se determinados grupos são sistematicamente prejudicados. Sem transparência, a parcialidade pode permanecer oculta, perpetuando a injustiça.

O terceiro nível diz respeito à responsabilização. Quando as coisas correm mal — como acontece inevitavelmente — a transparência e a explicabilidade ajudam-nos a determinar onde está a culpa. Foi um problema com os dados, o algoritmo, a implementação ou o utilizador? Sem esta compreensão, é difícil retificar os problemas, aprender com os erros ou responsabilizar as partes responsáveis.

A quarta camada está relacionada com a aprendizagem e a melhoria. A explicabilidade permite-nos compreender por que razão um sistema de IA tem um bom desempenho nalgumas áreas e um mau desempenho noutras. Este conhecimento pode orientar a investigação e o desenvolvimento futuros, ajudando-nos a melhorar o sistema e a fazer avançar o domínio.

Por último, no centro da cebola está o princípio ético do respeito pela autonomia. Como seres autónomos, temos o direito de compreender os sistemas e processos que afetam as nossas vidas. Se uma máquina nos negar um emprego ou um empréstimo, merecemos saber por quê. Ao tornar os sistemas de IA transparentes e explicáveis, defendemos este direito humano fundamental.

Assim, a transparência e a explicabilidade na IA não são luxos, mas sim necessidades. São as pedras que constroem uma ponte entre a IA e os seus utilizadores humanos — uma ponte de confiança, justiça, responsabilidade, aprendizagem e respeito. No próximo capítulo, exploraremos a construção desta ponte, construindo-a metodicamente tijolo a tijolo e pedra a pedra. Continuemos a viagem sob a orientação da explicação e da transparência.

Técnicas e ferramentas para melhorar a explicabilidade da IA

Imagine que lhe é dada uma caixa de ferramentas. Nesta caixa de ferramentas estão os instrumentos necessários para tornar os sistemas de IA tão claros como o riacho que imaginámos anteriormente, permitindo que o mundo veja e compreenda os mecanismos que conduzem o seu funcionamento. Nesta secção, exploremos as ferramentas à nossa disposição e compreender os procedimentos que podem ajudar a melhorar a explicabilidade da IA.

A primeira ferramenta que encontramos é conhecida como importância das características. Esta técnica consiste em identificar quais os 'inputs' de um modelo de IA que têm mais influência nos seus 'outputs'. Por exemplo, num modelo de previsão de preços de casas, a importância das características pode revelar que o número de quartos é mais influente do que a cor do exterior. A importância das características fornece uma visão básica, mas significativa, daquilo a que um sistema de IA está a "prestar atenção".

A seguir, encontramos um conjunto de ferramentas conhecidas como "métodos agnósticos de modelos". Trata-se de técnicas como LIME (*local interpretable model-agnostic explanations*) e SHAP (*SHapley Additive exPlanations*), que têm por objetivo clarificar qualquer modelo de IA a aproximar as suas decisões de modelos mais simples e interpretáveis. Ao centrarem-se em interpretações locais em torno de previsões específicas, estes métodos podem fornecer informações mesmo em modelos complexos de caixa negra.

Mais adiante na caixa de ferramentas, encontramos técnicas de visualização. Estes são métodos para representar visualmente o funcionamento interno dos modelos de IA. Por exemplo, numa rede neural convolucional utilizada para o reconhecimento de imagens, a visualização pode ajudar-nos a ver as características que cada camada da rede aprende. A visualização traz a matemática abstrata da IA para o domínio tangível, tornando-a mais acessível e compreensível.

Entre estas ferramentas, descobrimos também explicações contrafatuais. Esta técnica consiste em mostrar como o resultado de um modelo mudaria se as suas entradas fossem diferentes. Por exemplo, uma explicação contrafatual para uma recusa de empréstimo pode ser: "O empréstimo teria sido aprovado se o rendimento do candidato fosse superior em 10.000 dólares." Os contrafatuais podem fornecer informações personalizadas e acioná-veis, embora também levantem questões éticas que exploraremos mais tarde.

Por último, temos as ferramentas de explicação interativa. Estas aplicações de 'software' permitem aos utilizadores interagir com modelos de IA, alterando os seus 'inputs' e observando os seus 'outputs'. Estas ferramentas podem facilitar uma maior compreensão da IA, uma vez que os utilizadores podem aprender através da exploração e experimentação ativas.

Estas técnicas não são panaceias; cada uma tem os seus pontos fortes e as suas limitações. Nem são exaustivas — a explicabilidade da IA é uma área de investigação dinâmica, com o aparecimento constante de novas ferramentas e técnicas. Mas, em conjunto, formam uma poderosa caixa de ferramentas para desmistificar a IA e transformá-la de uma caixa negra inescrutável num fluxo claro e compreensível.

Neste capítulo, aprenderemos a utilizar estas ferramentas eficazmente e a superar os desafios éticos e práticos que colocam. Também aprenderemos com os pioneiros da explicabilidade da IA, aproveitando a sua sabedoria e experiência para enriquecer a nossa compreensão. Juntos, exploraremos a intrigante paisagem da explicabilidade da IA, guiados pelo farol da transparência.

Equilibrar a complexidade e a interpretabilidade dos modelos

Nas profundezas da floresta da IA, deparamo-nos com uma escolha entre dois caminhos: um que conduz a modelos complexos e outro que conduz à interpretabilidade. É uma dança delicada, uma espécie de ato de equilíbrio, pois, como frequentemente constatamos, quanto mais complexo se torna um modelo, mais difícil é a sua interpretação. Como podemos então navegar neste terreno precário, assegurando que não nos perdemos no labirinto da complexidade, sem deixar de aproveitar o poder dos intrincados modelos de IA?

Este equilíbrio entre a complexidade e a interpretabilidade dos modelos tem sido um tema recorrente na evolução da IA. Os primeiros modelos eram relativamente simples e interpretáveis. A regressão linear, por exemplo, cria uma relação clara e compreensível entre o 'input' e o 'output'. No entanto, a sua simplicidade limitava frequentemente o seu poder de previsão.

À medida que nos aventurámos mais na floresta, os modelos tornaram-se mais complexos. Encontrámos florestas aleatórias, máquinas de vetores de suporte e redes neurais profundas, cada uma mais complexa e poderosa do que a anterior. Estes modelos, nomeadamente a aprendizagem profunda, alcançaram resultados surpreendentes, ultrapassando frequentemente o desempenho humano. No entanto, também se tornaram cada vez mais opacos, ganhando o apelido de modelos de caixa preta.

O cerne da questão reside no compromisso entre desempenho e interpretabilidade. Modelos mais complexos podem captar padrões matizados nos dados, melhorando o desempenho. No entanto, o seu funcionamento interno torna-se menos compreensível, dificultando a explicação das suas decisões. Por outro lado, os modelos mais simples e mais interpretáveis podem fornecer explicações claras, mas podem ficar aquém do desempenho.

No entanto, ao encontrarmo-nos nesta encruzilhada, não nos devemos resignar a uma escolha binária entre complexidade e interpretabilidade. Em vez disso, devemos esforçar-nos por obter uma sinergia — uma coexistência harmoniosa entre os dois. Como podemos fazer isto? Há várias abordagens.

Em primeiro lugar, podemos utilizar métodos agnósticos relativamente aos modelos, como o LIME e o SHAP. Estas técnicas permitem-nos obter informações de modelos complexos sem os simplificar. Em segundo lugar, podemos conceber modelos que sejam inerentemente interpretáveis, como as árvores de decisão ou as redes neuronais interpretáveis. Em terceiro lugar, podemos adotar uma abordagem de conjunto, combinando vários modelos simples para obter um desempenho comparável ao de um modelo complexo. Por último, podemos utilizar técnicas de visualização para tornar os modelos complexos mais compreensíveis.

Ao percorrermos este caminho, temos também de ter em conta o contexto. Em alguns casos, o desempenho pode ser primordial, como no diagnóstico do cancro, em que mesmo uma ligeira melhoria pode salvar vidas. Noutros casos, como a pontuação de crédito, a interpretabilidade pode ter precedência para garantir a equidade e a responsabilidade.

O equilíbrio entre a complexidade do modelo e a interpretabilidade não é uma corda bamba, mas sim uma ponte, que temos de atravessar com uma ponderação cuidadosa e compreensão do contexto. Ao explorarmos este equilíbrio ao longo deste capítulo, as luzes gémeas do desempenho e da interpretabilidade servirão de guia. Com curiosidade e coragem, continuaremos a desvendar os mistérios da IA.

Perceções de especialistas e estudos de casos

Na nossa exploração da transparência e da explicabilidade na IA, encontramo-nos numa clareira — um local de encontro onde podemos fazer uma pausa e aprender com aqueles que já percorreram este terreno antes de nós. Não estamos sozinhos nesta viagem, e os conhecimentos dos especialistas e as lições dos estudos de caso real servem-nos de estrelas-guia.

Começamos por aprender com a Dr.ª Cynthia Rudin, uma reputada cientista informática e defensora da aprendizagem automática interpretável. A Dr.ª Rudin partilha as suas experiências no laboratório de análise de previsões da Duke Computer Science, onde a sua equipa desenvolveu modelos altamente precisos e transparentes para prever falhas na rede elétrica e diagnosticar a apneia do sono. Salienta a necessidade de simplicidade nos modelos de aprendizagem automática e salienta que os modelos de caixa negra nem sempre são necessários ou desejáveis, especialmente em aplicações críticas no qual os erros podem ter consequências graves.

Em seguida, falamos com o Dr. Rich Caruana, um investigador principal sénior da Microsoft Research. O trabalho do Dr. Caruana em modelos inteligíveis para os cuidados de saúde fornece informações valiosas sobre o compromisso entre a complexidade do modelo e a interpretabilidade. A sua história sobre o desenvolvimento de um modelo de previsão do risco de pneumonia mostra bem os perigos de modelos de IA opacos. O modelo de rede neural sugeria inicialmente que os doentes asmáticos deviam ser mandados para casa, o que parecia uma escolha ilógica. Após uma inspeção com um modelo mais interpretável, a equipa descobriu que isso se devia ao facto de os doentes asmáticos serem normalmente enviados diretamente para os cuidados intensivos, o que os fazia parecer "mais seguros" nos dados. Esta 'nuance' vital ter-se--ia perdido num modelo de caixa negra.

Também examinamos estudos de casos reais, como o AI Explainability 360 Toolkit da IBM — uma biblioteca de algoritmos de código aberto que apoia a interpretabilidade e a explicabilidade dos dados e dos modelos de aprendizagem automática. Vemos como empresas como a FICO utilizam modelos de aprendizagem automática interpretáveis para tomar decisões sobre o risco de crédito que são altamente exatas e facilmente explicáveis aos clientes e às entidades reguladoras.

Por último, estudamos os pioneiros no domínio da ética da IA que partilham histórias preocupantes sobre os impactos sociais da IA não interpretável. As suas histórias sublinham a necessidade de transparência e responsabilidade na IA, particularmente em domínios como a aplicação da lei e a tomada de decisões judiciais, onde sistemas de IA opacos podem perpetuar preconceitos e injustiças sistémicas.

À medida que aprendemos com estas ideias de especialistas e dissecamos estes estudos de caso, ganhamos uma maior compreensão da intrincada dança entre a complexidade do modelo e a interpretabilidade. Começamos a apreciar as 'nuances' e complexidades de garantir transparência e explicabilidade na IA, percebendo que não se trata apenas de um desafio técnico, mas também de um desafio social.

Munidos deste conhecimento e compreensão recém-adquiridos, continuamos a nossa viagem, com o nosso caminho iluminado pelas ideias recolhidas nestas conversas e estudos de caso. O caminho que temos pela frente é um desafio, mas estamos mais bem equipados para navegar pelas complexidades e tomar decisões mais informadas na nossa busca de uma IA transparente e explicável.

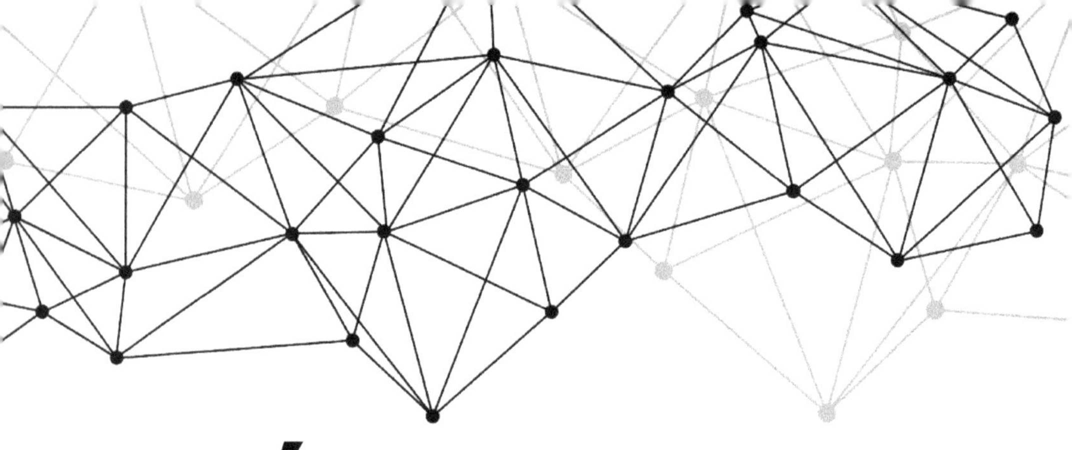

CAPÍTULO 3

A IA à Luz da Lei:

Navegar pela Legislação e Regulamentação da IA

A IA e a lei: leis e regulamentos atuais Relacionados com a IA

O terceiro capítulo da nossa viagem pela IA leva-nos ao ponto onde a tecnologia se encontra com a lei. A governação da inteligência artificial é uma área em rápida evolução. Trata-se de um labirinto complexo que requer conhecimentos técnicos especializados em IA e uma compreensão alargada das implicações jurídicas, éticas e sociais.

O panorama atual das leis e regulamentos relacionados com a IA é uma manta de retalhos de medidas dispersas por várias jurisdições e que variam em termos de âmbito e substância. Devido ao ritmo incessante da inovação da IA e à crescente consciencialização dos seus efeitos sociais, este é um ambiente dinâmico e acelerado.

Na União Europeia, por exemplo, assistimos a uma das tentativas mais abrangentes de regulamentar a IA. A proposta de Lei da Inteligência Artificial, introduzida em 2021, visa estabelecer um quadro jurídico para uma "IA fiável". A lei classifica os sistemas de IA com base no seu risco para os direitos fundamentais e impõe requisitos regulamentares correspondentes, que vão desde a transparência e supervisão humana para sistemas de IA de "alto risco" até à proibição total de certas aplicações de "risco inaceitável", como a pontuação social baseada em IA.

Nos EUA, os regulamentos têm sido mais direcionados para determinadas aplicações de IA, como veículos autónomos, reconhecimento facial e cuidados de saúde. O Algorithmic Accountability Act 2022, por exemplo, propõe que as empresas realizem avaliações de impacto dos seus sistemas de decisão automatizados de alto risco.

Na China, a abordagem à regulamentação da IA reflete o contexto sociopolítico mais amplo do país, com ênfase no controlo estatal e no aproveitamento da IA para o crescimento económico e a estabilidade social. Os Princípios de Governação da Nova Geração de Inteligência Artificial do país, lançados em 2019, enfatizam a importância da "segurança controlável" e a utilização ética da IA.

Estes são apenas instantâneos de um cenário global com uma variedade de abordagens e uma discussão contínua sobre o tipo e o âmbito da regulamentação da IA. Ao navegar neste panorama, é essencial compreender não só a letra da lei, mas também o seu espírito — os princípios e valores subjacentes que visa defender.

Neste capítulo, analisaremos como as leis e os regulamentos relativos à IA não são apenas textos jurídicos áridos, mas sim entidades dinâmicas e em evolução. Iremos olhar para além das meras disposições para o contexto mais alargado, compreendendo como as diferentes sociedades lidam com as questões profundas colocadas pela IA — questões de privacidade, justiça, responsabilidade e dignidade humana.

Embarquemos, pois, nesta viagem, uma viagem não só de aprendizagem, mas também de reflexão crítica e de discernimento matizado. O caminho pode ser complicado e a estrada desafiante, mas com uma mente curiosa e um coração aberto, podemos resolver este 'puzzle', obtendo conhecimentos que iluminarão a nossa compreensão da IA e do seu lugar no nosso mundo.

Questões de privacidade, direitos de dados e responsabilidade na IA

No domínio da regulamentação da inteligência artificial, prevalecem questões profundas e debates acesos. Entre estas, as questões da privacidade, dos direitos dos dados e da responsabilidade destacam-se como particularmente controversas e complexas. Estas questões tocam em alguns dos aspetos mais fundamentais das nossas vidas e sociedades, levantando questões sobre a própria natureza da personalidade, dignidade e responsabilidade na era da IA.

A *privacidade* é talvez o aspeto mais visível e amplamente discutido. À medida que os sistemas de IA tornam-se mais potentes e generalizados, podem processar grandes quantidades de informação, muitas vezes de carácter pessoal e sensível. Esta capacidade, embora aumente a sua eficiência e eficácia, também suscita sérias preocupações relativamente à privacidade. Desde os algoritmos das redes sociais, que parecem conhecer as nossas preferências melhor do que nós, até aos sistemas de reconhecimento facial que nos conseguem identificar no meio de uma multidão, o alcance da IA na nossa vida privada pode parecer estranho e inquietante. Esta invasão da privacidade não é apenas um desconforto subjetivo; pode conduzir a danos concretos como a usurpação de identidade, a discriminação e a manipulação.

Os *direitos de dados* estão intrinsecamente ligados à privacidade, mas vão para além dela. Referem-se aos direitos que as pessoas têm sobre os seus dados pessoais — direitos de acesso, correção, eliminação e transferência dos seus dados, bem como de oposição ou restrição ao seu tratamento. No contexto da IA, estes direitos assumem novas dimensões. Por exemplo, como podemos exercer o nosso direito de corrigir os nossos dados quando estes são utilizados para treinar um sistema de IA? Como transferimos os nossos dados quando estes estão integrados numa rede complexa de serviços baseados em IA? Estas questões colocam desafios significativos tanto para a conceção como para a regulamentação dos sistemas de IA.

As questões de *responsabilidade* surgem quando os sistemas de IA causam danos. As noções tradicionais de responsabilidade baseiam-se na ação e intenção humanas. Mas com a IA, estas noções tornam-se pouco claras. Quem é responsável no caso de um veículo autónomo causar um acidente — o fabricante, o criador do 'software', o utilizador ou o próprio sistema de IA? Questões semelhantes surgem noutros domínios, desde os cuidados de saúde às finanças. A resolução destas questões exige não só inovação jurídica, mas também um diálogo social mais alargado sobre responsabilidade e responsabilização na era da IA.

À medida que avançarmos, exploraremos as complexidades e controvérsias destas questões. Traremos à luz do dia as tensões e os compromissos, os desafios e as oportunidades. Estudaremos diversas vozes — desde académicos de direito e tecnólogos a defensores da privacidade e cidadãos comuns — e teceremos as suas ideias para uma compreensão matizada destas questões cruciais.

Este caminho conduzir-nos-á a território desconhecido, onde os marcos familiares do direito e da ética dão lugar a paisagens novas e inquietantes. Mas é precisamente nestes momentos de incerteza e desconforto que temos a oportunidade de repensar, reimaginar e reformular a nossa relação com a IA. Por isso, avancemos, não com medo ou resignação, mas com curiosidade, coragem e o compromisso de construir um futuro no qual a IA sirva a humanidade, respeite os nossos direitos e defenda a nossa dignidade.

Perspetivar o futuro da legislação sobre IA

Ao mesmo tempo que nos encontramos na encruzilhada da história da humanidade, a braços com o poder e a promessa da inteligência artificial, cabe-nos o desafio monumental de esboçar os contornos da futura legislação que irá reger este domínio em expansão. É uma tarefa que exige não só perspicácia jurídica, mas também conhecimentos tecnológicos, sensibilidade ética e uma perspetiva visionária.

Os avanços tecnológicos, os valores sociais, as considerações económicas e a dinâmica geopolítica, entre outros aspetos, moldarão o futuro da legislação sobre IA, que será provavelmente tão complexa e multifacetada como a própria IA. É um futuro que exige a nossa atenção, a nossa imaginação e os nossos melhores esforços para equilibrar os vários interesses em jogo.

Um aspeto fundamental desta futura legislação será a "regulamentação dos dados". Sendo a força vital da IA, os dados estarão no centro de muitos debates e decisões jurídicas. Como protegemos a privacidade das pessoas e, ao mesmo tempo, permitimos a inovação da IA? Como garantir que os direitos dos dados são respeitados e aplicados, mesmo quando os dados fluem por meio de fronteiras e setores? E como lidar com os desafios da anonimização, do consentimento e da segurança na era dos grandes volumes de dados?

Outro aspeto crucial será a "governação do processo decisório da IA". À medida que os sistemas de IA tornam-se mais autónomos e influentes, a questão de quem decide — e com que base — tornar-se-á cada vez mais importante. Como asseguramos a transparência e a responsabilidade na tomada de decisões sobre a IA? Como gerir o compromisso entre explicabilidade e desempenho nos modelos de IA? Como lidar com os riscos de parcialidade, discriminação e manipulação nos processos baseados na IA?

Uma terceira área de enfoque será a "responsabilidade por danos causados pela IA". À medida que os sistemas de IA assumem funções tradicionalmente desempenhadas por seres humanos, os princípios e práticas tradicionais de responsabilidade terão de ser repensados. Devemos ater-nos a modelos de responsabilidade centrados no ser humano ou devemos considerar novos modelos que tenham em conta as características únicas da IA? Devemos responsabilizar juridicamente os próprios sistemas de IA ou devemos concentrar-nos nos seres humanos que estão por detrás desses sistemas?

E para além destes domínios específicos, haverá questões mais vastas a considerar: Como promover a inovação e a concorrência no setor da IA? Como gerir as dimensões globais da IA, desde os fluxos de dados transfronteiriços até às normas e à cooperação internacionais? Como garantir que a IA beneficia todos os segmentos da sociedade, reduzindo as desigualdades em vez de as exacerbar?

Devemos investigar estas questões e imaginar potenciais respostas, recorrendo aos conhecimentos do direito, da tecnologia, da ética e das ciências sociais. Devemos aprender com os principais especialistas e partes interessadas, destacando diversas perspetivas e propostas inovadoras. E, através desta exploração, traçaremos um rumo para um futuro aonde a IA não seja apenas poderosa e eficiente, mas também ética, equitativa e responsável — um futuro no qual a IA sirva verdadeiramente a humanidade.

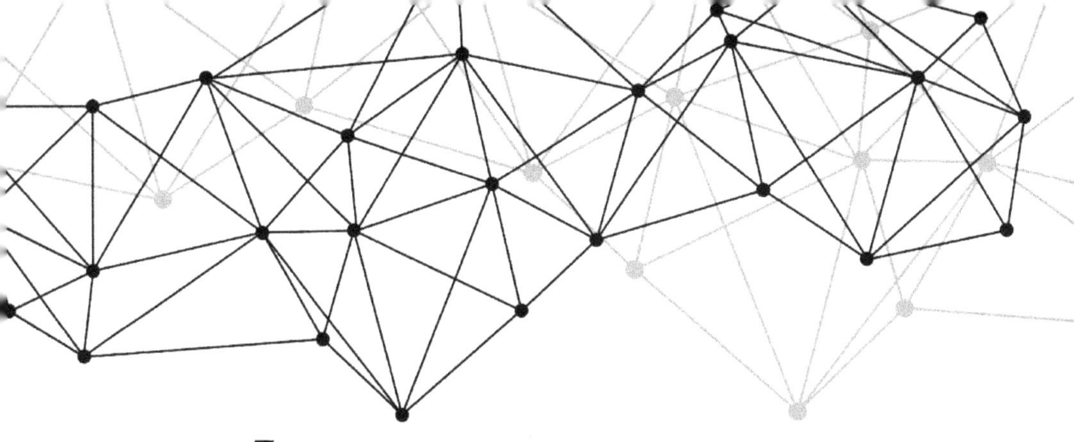

CAPÍTULO 4

Secção 1:

A IA no Sul Global: Panorama Atual e Potencial

No limiar de uma era definida pela inteligência artificial, é crucial considerar o panorama tecnológico para além das potências tecnológicas tradicionais. O Sul Global, que inclui regiões da América Latina, África e Ásia em desenvolvimento, oferece oportunidades e desafios únicos para a adoção e desenvolvimento da IA. Neste capítulo, é explorado o estado atual da IA no Sul Global, expondo o seu potencial estimulante e reconhecendo os obstáculos que têm de ser ultrapassados.

O panorama atual da IA no Sul Global é uma amálgama intrigante de iniciativas em expansão, aplicações inovadoras e desenvolvimento incipiente. Em países como o Brasil, a Índia e a África do Sul, vemos uma população cada vez mais experiente em tecnologia a aproveitar a IA de formas criativas, desde o aumento da produtividade agrícola até à transformação da prestação de cuidados de saúde. As start-ups crescem em flecha, tirando partido da IA para enfrentar os desafios locais e explorar as economias em rápida digitalização.

No entanto, o panorama não está isento de disparidades. O acesso à tecnologia de IA está longe de ser uniforme, com um fosso digital que ameaça exacerbar as desigualdades socioeconómicas existentes. Os dados de alta qualidade, essenciais para treinar modelos de IA robustos, são muitas vezes inexistentes ou inacessíveis. Os défices de infraestruturas, as lacunas educativas e a escassez de quadros políticos complicam ainda mais o caminho para a proliferação da IA.

Apesar destes desafios, o potencial da IA no Sul Global é prodigioso. A IA tem o potencial de servir como uma ferramenta poderosa para o desenvolvimento socioeconómico, resolvendo problemas específicos da região, desde o controlo de doenças à gestão de catástrofes. Por exemplo, a IA pode otimizar o rendimento das colheitas em economias agrárias, fornecer serviços de telemedicina em áreas remotas ou melhorar os resultados educativos mediante uma aprendizagem personalizada.

A IA também pode catalisar a jornada do Sul Global em direção à Quarta Revolução Industrial, promovendo a diversificação económica, a criação de emprego e a competitividade global. Pode auxiliar os países a ultrapassar as fases tradicionais de desenvolvimento, contornando as limitações infraestruturais e as restrições de recursos.

No entanto, a concretização deste potencial exige esforços consertados a vários níveis. Os governos têm de criar ambientes políticos favoráveis que promovam a inovação e a adoção da IA, mitigando simultaneamente os riscos. As empresas têm de investir em capacidades de IA, integrando a IA nas suas operações e ofertas. As instituições de ensino têm de cultivar o talento da IA, equipando as mentes jovens com as competências e os conhecimentos necessários.

Percorreremos este cenário multifacetado, recorrendo a exemplos reais, a conhecimentos especializados e a estudos empíricos. Mergulharemos na utilização excecional da IA no Sul Global, analisando as dificuldades e imaginando métodos para alavancar o potencial transformador da IA. Através desta viagem, oferecemos uma perspetiva matizada e orientada para o futuro sobre a IA no Sul Global.

Secção 2:

Considerações Éticas e Riscos no Desenvolvimento da IA no Sul Global

Na procura de aproveitar o potencial transformador da IA, é fundamental não perder de vista as considerações éticas e os riscos que uma tecnologia tão poderosa acarreta. À medida que a IA penetra em vários aspetos da sociedade, revê dilemas éticos complexos e riscos potentes, particularmente no contexto do Sul Global.

As considerações éticas da IA decorrem das suas características intrínsecas. O seu processo de tomada de decisões levanta questões sobre a responsabilidade e a equidade. A sua dependência de dados aumenta as preocupações com a privacidade. O seu potencial de automatização suscita receios de deslocação de postos de trabalho, e a sua capacidade de influenciar comportamentos alimenta preocupações sobre manipulação e controlo.

No Sul Global, estas considerações éticas adquirem dimensões únicas. O fosso digital pode traduzir-se num fosso em matéria de IA, com os benefícios da IA a reverterem a favor dos poucos que têm acesso à tecnologia. As preocupações com a privacidade dos dados são ampliadas em regiões com leis de proteção de dados fracas. O risco de deslocação de postos de trabalho é particularmente grave nas economias dependentes de setores suscetíveis de automatização, como a indústria transformadora e os centros de atendimento telefónico.

A IA também apresenta riscos que podem ter implicações de longo alcance. Um desses riscos é o reforço dos preconceitos e das desigualdades existentes. Os sistemas de IA, treinados com dados tendenciosos ou concebidos sem ter em conta os contextos locais, podem perpetuar estereótipos, discriminar injustamente e excluir comunidades marginalizadas.

Outro risco é o uso indevido da IA para vigilância e controlo. Na ausência de fortes controlos e equilíbrios, os governos e as empresas podem aproveitar a IA para monitorizar indivíduos, suprimir a dissidência e infringir os direitos humanos. O Sul Global, com os seus variados regimes políticos e estruturas de governação, é particularmente vulnerável a esta utilização indevida.

Abordar estas considerações éticas e mitigar estes riscos exige uma abordagem multifacetada. Exige a incorporação da ética na conceção e no desenvolvimento da IA, adotando uma abordagem centrada no ser humano que dê prioridade à justiça, à transparência e à inclusão. Requer quadros políticos sólidos que protejam a privacidade dos dados, evitem a utilização indevida e garantam a responsabilização. Além disso, exige também o envolvimento ativo de todas as partes interessadas — desde governos e empresas até à sociedade civil e aos cidadãos — na definição da trajetória da IA.

As próximas secções examinarão estas considerações e riscos éticos. Examinaremos as suas manifestações no Sul Global, com base em exemplos reais e estudos de caso. Também exploraremos estratégias para abordar estas questões, oferecendo um roteiro para o desenvolvimento ético, responsável e inclusivo da IA no Sul Global.

Secção 3:

Estudos de Casos: A IA na Abordagem de Problemas Específicos de Cada Região do Sul Global

O carácter prático da IA como ferramenta de mudança brilha verdadeiramente quando examinamos as suas aplicações em contextos regionais específicos. Torna-se evidente que a IA tem o potencial não só de transformar, mas também de elevar as sociedades, particularmente no Sul Global. Examinemos estudos de caso perspicazes que mostram como a IA é utilizada para ultrapassar obstáculos específicos de uma região.

Estudo de caso 1: IA para a agricultura na Índia

Na Índia, onde mais de metade da população depende da agricultura para a sua subsistência, os pequenos agricultores debatem-se com desafios como padrões climáticos incertos, ataques de pragas e preços de mercado flutuantes. A PEAT, uma empresa alemã em fase de arranque, desenvolveu a Plantix, uma aplicação móvel baseada em IA. Esta aplicação ajuda os agricultores a identificar doenças e pragas nas plantas através da análise de fotografias tiradas com os seus 'smartphones'. Além disso, a aplicação fornece conselhos sobre como tratar estes problemas e alertas sobre potenciais riscos, permitindo aos agricultores aumentar o rendimento das suas culturas e reduzir a sua dependência de pesticidas dispendiosos.

Estudo de caso 2: IA para cuidados de saúde no Ruanda

O Ruanda, um pequeno país da África Oriental, aproveitou a IA para revolucionar o seu sistema de saúde. Em parceria com a empresa americana Zipline, o governo do Ruanda utilizou 'drones' alimentados por IA para distribuir material médico, incluindo vacinas e sangue, em zonas remotas do país. Isto reduziu significativamente o tempo necessário para fornecer suprimentos médicos críticos, salvando inúmeras vidas.

Estudo de caso 3: IA para a educação no Brasil

No Brasil, a Geekie, uma start-up de tecnologia educacional, utiliza a IA para personalizar a aprendizagem dos alunos. A sua plataforma, o Geekie Games, utiliza algoritmos de aprendizagem automática para se adaptar ao ritmo e estilo de aprendizagem de cada aluno, oferecendo exercícios e planos de estudo personalizados. Milhões de estudantes em todo o país utilizaram esta ferramenta, que os auxiliou a prepararem-se para os exames de acesso à universidade e reduziu o fosso educativo.

Estes estudos de caso oferecem um vislumbre do potencial transformador da IA no Sul Global. Sublinham a importância de desenvolver e implementar soluções de IA que sejam sensíveis aos contextos locais, inclusivas e concebidas para beneficiar muitos, e não apenas alguns. Para o futuro, a tarefa não consiste apenas em utilizar o potencial da IA, mas em garantir que as suas vantagens sejam distribuídas uniformemente, que os riscos sejam reduzidos e que as considerações éticas orientem a sua implementação.

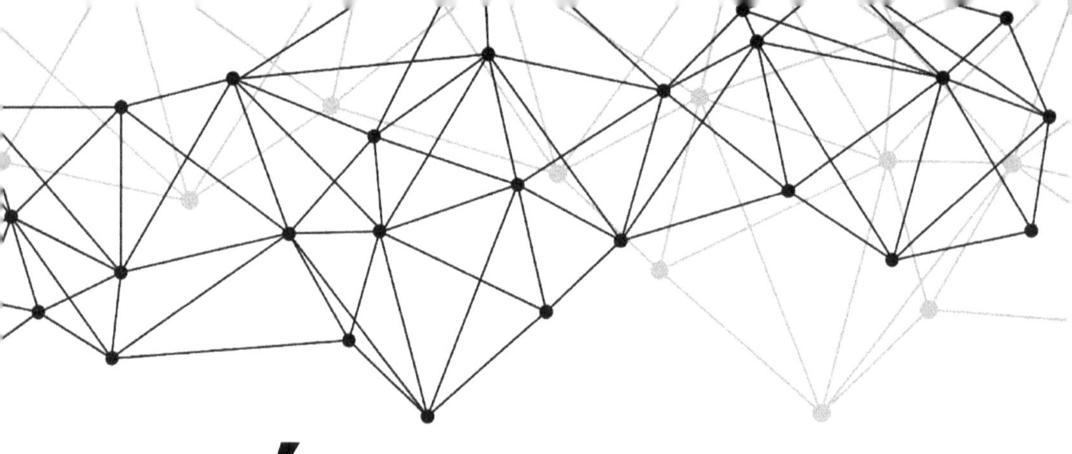

CAPÍTULO 5

Secção 1:

O Custo Ambiental da IA:

Compreender a Pegada de Carbono dos Modelos de IA

Os progressos a que assistimos atualmente no domínio da IA — desde os carros autónomos ao reconhecimento da fala — são empolgantes e verdadeiramente revolucionários. No entanto, estes avanços têm um impacto no ambiente frequentemente ignorado. Sim, as potências computacionais que impulsionam os avanços da IA consomem muita energia, tendo implicações para o nosso planeta.

Para compreender a ligação entre a IA e o ambiente, é essencial compreender a noção de pegada de carbono. Em termos mais simples, uma pegada de carbono é a quantidade total de gases com efeito de estufa, em particular o dióxido de carbono, libertados para a atmosfera em resultado das atividades humanas. No contexto da IA, isto refere-se às emissões resultantes dos centros de dados e das infraestruturas de computação que alimentam os modelos de IA.

O treino de modelos complexos de IA envolve grandes cargas de trabalho computacional. Por exemplo, um modelo de aprendizagem automática tem de processar grandes quantidades de dados, exigindo normalmente a potência computacional equivalente a milhares de computadores pessoais a funcionar durante dias ou mesmo semanas. Este consumo de energia conduz a emissões substanciais de dióxido de carbono.

Veja-se o caso do desenvolvimento do GPT-3 pela OpenAI, um modelo avançado de linguagem. O treino deste modelo único terá consumido a mesma quantidade de eletricidade que um agregado familiar americano médio utilizaria durante um século. As emissões de carbono associadas a esta utilização de energia são comparáveis às de um voo transatlântico.

A procura de energia agrava-se devido à tendência de criar modelos maiores com apenas ligeiras melhorias de desempenho. A procura de resultados de ponta no domínio da IA esquece muitas vezes o custo ambiental do aumento de escala destes modelos.

Numa época em que as alterações climáticas são um dos maiores dilemas que a humanidade enfrenta, é essencial chamar a atenção para o impacto ambiental da IA. Temos de garantir que o crescimento desta tecnologia transformadora não se faça à custa da saúde do nosso planeta. O próximo passo é explorar como podemos reduzir esta pegada de carbono, tornar os modelos de IA mais eficientes em termos energéticos e equilibrar a corrida à inovação da

IA com a nossa responsabilidade partilhada pela sustentabilidade ambiental.

Secção 2:

Rumo a uma IA mais Ecológica: Estratégias e Tendências de Investigação em IA Energeticamente Eficiente

Dado o impacto ambiental da IA, temos de nos perguntar: Como podemos criar um futuro no qual a IA e a sustentabilidade ambiental estejam em sintonia? A solução reside no nosso impulso coletivo para uma "IA mais ecológica", um termo que significa uma mudança para modelos e práticas de IA mais eficientes em termos energéticos.

O primeiro passo para atingir este objetivo é aumentar a eficiência energética do 'hardware' utilizado nos cálculos de IA. Isto envolve um esforço coletivo dos fabricantes de chips, centros de dados e investigadores de IA para inovar e implementar tecnologias de poupança de energia. Por exemplo, o advento de 'hardware' especializado, como as unidades de processamento tensorial (UPT) e as unidades de processamento gráfico (UPG), já demonstrou uma redução significativa no consumo de energia em comparação com as unidades de processamento central (UPC) tradicionais.

No entanto, o 'hardware' é apenas uma peça do 'puzzle'. Há cada vez mais investigação centrada no desenvolvimento de algoritmos de IA eficientes do ponto de vista energético. A ideia é criar modelos de IA que possam aprender de forma mais eficiente, quer exigindo menos dados, menos cálculos, ou ambos. Técnicas como a poda de modelos, a quantização e a destilação de conhecimentos são amplamente investigadas neste contexto. Por exemplo, a poda de modelos é um processo em que as ligações menos importantes de uma rede neuronal são eliminadas, tornando o modelo mais simples e mais rápido sem uma perda significativa de precisão.

Além disso, há um impulso no sentido de uma contabilização mais precisa do carbono na investigação em IA. Tal implicaria que os investigadores e as instituições quantificassem e comunicassem as emissões de carbono associadas aos seus modelos de IA, à semelhança da forma como os cientistas quantificam e comunicam atualmente a utilização de energia ou o desempenho dos seus modelos. Essa transparência pode ajudar a criar uma consciencialização em todo o setor e a impulsionar a inovação competitiva no sentido de uma IA mais ecológica.

Por último, temos também de olhar para além dos modelos e algoritmos e reconsiderar a cultura de desenvolvimento da IA. A norma atual de atualização e implementação contínuas de modelos tem implicações ambientais significativas. É essencial adotar uma abordagem mais ponderada e intencional ao desenvolvimento da IA — uma abordagem que considere os compromissos entre os ganhos de desempenho e os custos ambientais.

Exploraremos estas estratégias nas próximas secções, com as suas utilizações práticas e o seu impacto no futuro da IA. Ao navegarmos por estas narrativas, torna-se claro que o caminho para uma

IA mais ecológica não é apenas uma necessidade, mas uma possibilidade ao nosso alcance.

Secção 3:

Casos de Estudo: Pioneiros no Caminho Para Uma IA Mais Ecológica

Enquanto lidamos com os efeitos da pegada de carbono da IA, muitos grupos e organizações trabalham para construir um ambiente de IA mais amigo do ambiente. Analisemos alguns estudos de caso interessantes que mostram as formas inovadoras como este problema está a ser abordado.

Estudo de caso 1: UPT energeticamente eficientes da Google

A Google tem estado na vanguarda da construção de 'hardware' de IA eficiente em termos energéticos. As suas unidades de processamento tensorial (UPT), concebidas à medida para acelerar os volumes de trabalho de aprendizagem automática, ajudaram a reduzir o consumo de energia da Google. A terceira geração de UPT, por exemplo, fornece até 420 teraflops de potência de computação e utiliza um sistema de arrefecimento líquido, sendo mais eficiente em termos energéticos do que o tradicional arrefecimento a ar. A quarta geração supera a terceira em 2,1 vezes, em média, numa base por chip e melhora o desempenho.

Estudo de caso 2: Técnicas de poda de modelos da OpenAI

A OpenAI, uma das principais organizações de investigação em IA, explora ativamente técnicas como a poda de modelos para reduzir o custo computacional da IA. O seu trabalho demonstrou ser possível reduzir a dimensão de modelos linguísticos como o GPT-3 até 90% sem uma diminuição substancial do desempenho. Ao adotar este modelo mais simples, não só se reduzirá o consumo de energia, como também se aumentará a acessibilidade para os utilizadores com recursos computacionais limitados.

Estudo de caso 3: IA da DeepMind Para os centros de dados da Google

A empresa de IA da Alphabet, DeepMind, utilizou a aprendizagem automática para otimizar o arrefecimento dos centros de dados da Google, onde milhares de servidores executam serviços como a Pesquisa, o Gmail e o YouTube. O seu sistema de IA reduziu a energia utilizada para arrefecimento em até 40%, demonstrando como a própria IA pode ser uma ferramenta para a eficiência energética.

Estudo de caso 4: o impulso do consórcio MLPerf para a contabilização do carbono

O MLPerf Consortium, um grupo de empresas e instituições de investigação, iniciou um movimento para incluir o consumo de energia como parte do seu conjunto de avaliação comparativa da IA. Ao fazê-lo, esperam promover uma cultura de contabilização do carbono na investigação em IA, incentivando os investigadores a inovar não só em termos de desempenho, mas também de eficiência energética.

Através destes estudos de caso, observamos o excitante potencial de uma IA mais ecológica a desenvolver-se. Eles destacam a natureza multidimensional do desafio em questão — exigindo avanços em 'hardware', 'software' e normas culturais. À medida que continuamos a nossa viagem em direção a uma IA mais sustentável, estes estudos de caso servem de faróis, iluminando o caminho para um futuro aonde a IA e a sustentabilidade ambiental coexistem.

CAPÍTULO 6

Secção 1:

Compreender a Colaboração entre Humanos e IA:

Definir o Que Significa a Colaboração entre Humanos e IA e Por Que Razão é uma Área Vital de Foco no Campo da IA

Quanto mais exploramos o intrincado domínio da inteligência artificial, mais evidente se torna que o melhor caminho para o triunfo reside na combinação do homem e da máquina. Isto leva-nos ao conceito de colaboração homem-IA, um paradigma em ascensão neste domínio que visa potenciar os pontos fortes únicos de ambas as entidades para obter melhores resultados.

A colaboração homem-IA, frequentemente designada por "inteligência aumentada", é um modelo em que os seres humanos e os sistemas de IA trabalham em conjunto, contribuindo cada um com a sua experiência distinta para atingir objetivos comuns. Esta abordagem não tem a ver com o facto de as máquinas substituírem os humanos, mas sim com o facto de a IA melhorar a tomada de decisões e as capacidades humanas.

Por que é que a colaboração entre humanos e IA é uma área tão importante no domínio da IA? A resposta reside nos pontos fortes e fracos inerentes tanto aos seres humanos como aos sistemas de IA. Os seres humanos, por um lado, trazem para a mesa uma compreensão matizada do mundo, a capacidade de perceber o contexto, uma capacidade de pensamento criativo e o poder de fazer julgamentos éticos e morais. As máquinas, por outro lado, são excelentes no processamento de grandes quantidades de dados, na execução de tarefas repetitivas com uma precisão infalível e na realização de cálculos complexos à velocidade da luz.

Ao integrarmos estas competências complementares, podemos criar uma simbiose poderosa que melhora as nossas capacidades. Por exemplo, nos cuidados de saúde, os algoritmos de IA podem analisar milhões de imagens médicas para detetar potenciais anomalias, enquanto os médicos humanos fornecem o diagnóstico final, tendo em conta a saúde geral do paciente, o historial e o contexto que a IA pode não compreender totalmente.

No mundo dos negócios, embora a IA possa analisar enormes conjuntos de dados para gerar conhecimentos acionáveis, o julgamento humano é crucial na tomada de decisões estratégicas, onde o contexto, a ética e a visão a longo prazo entram em jogo. No entanto, a realização de todo o potencial da colaboração entre humanos e IA não está isenta de desafios. Temos de abordar questões de confiança, transparência e controlo, definindo limites claros para os sistemas de IA e garantindo ser fáceis de utilizar e compreensíveis para quem os utiliza. À medida que continuamos a fazer avançar a IA, temos de recalibrar constantemente este equilíbrio, garantindo que criamos sistemas que não só aumentam a inteligência humana como também respeitam a autonomia humana.

As secções seguintes deste capítulo abordarão as técnicas para promover um trabalho de equipa humano-IA bem-sucedido, as questões éticas envolvidas e o potencial de mudança de jogo que tem em diferentes indústrias. À medida que navegamos nesta fronteira promissora, torna-se claro que o futuro da IA não é sobre humanos contra máquinas, mas sim sobre humanos com máquinas.

Secção 2:

Aumentar as Capacidades Humanas: Exploração do Modo como a IA Pode Aumentar as Capacidades Humanas em Vez de as Substituir

A promessa mais transformadora da inteligência artificial não reside na substituição da inteligência humana, mas na sua amplificação. Este aumento permite-nos transcender as nossas limitaçoes cognitivas, ajudando-nos assim a tomar decisões mais informadas, a resolver problemas complexos e a alargar os nossos horizontes criativos.

Comecemos por explorar em pormenor como a IA aumenta as capacidades humanas em vários setores.

Cuidados de saúde

Nos cuidados de saúde, a IA revoluciona o diagnóstico, o tratamento e os cuidados aos doentes. Os algoritmos de aprendizagem automática podem analisar vastos conjuntos de dados médicos, identificando padrões e anomalias muito para além da capacidade humana. Os radiologistas, por exemplo, podem utilizar a IA para detetar cancros em fase inicial nas imagens médicas, com sistemas treinados para reconhecer as anomalias mais ínfimas. No entanto, a IA não substitui o médico. Em vez disso, serve como uma ferramenta robusta, aumentando a sua capacidade de diagnóstico e permitindo-lhes fazer diagnósticos mais precisos e atempados.

Setor empresarial

No domínio empresarial, a IA proporciona vantagens estratégicas ao melhorar a tomada de decisões humanas. Os algoritmos de IA podem avaliar grandes volumes de dados para descobrir tendências, prever o comportamento dos clientes e otimizar as operações. No entanto, o papel humano continua a ser fundamental para as decisões estratégicas e éticas, para a interpretação dos conhecimentos gerados pela IA e para a compreensão das suas implicações mais vastas em contextos específicos. Assim, a IA atua como um multiplicador de forças, permitindo que os líderes empresariais tomem decisões informadas com rapidez e confiança.

Ensino

A educação é outro domínio na qual a IA aumenta significativamente as capacidades humanas. Os sistemas de aprendizagem personalizados com base em IA adaptam-se ao estilo e ritmo de aprendizagem únicos de cada aluno, fornecendo conteúdos educativos personalizados. Os professores utilizam estas informações para compreenderem melhor o progresso de cada aluno e adaptarem os seus métodos de ensino em conformidade. Aqui, a IA não substitui o professor; em vez disso, equipa-o com melhores ferramentas para cumprir o seu papel.

Indústrias criativas

Mesmo nas indústrias criativas, onde o engenho humano sempre reinou supremo, a IA desempenha um papel de apoio cada vez mais importante. Os artistas e os 'designers' integram ferramentas de IA para gerar novas ideias, explorar diferentes caminhos criativos e até criticar o seu trabalho. No entanto, as decisões criativas finais e a ressonância emocional que definem a grande arte continuam a ser da responsabilidade do criador humano. Neste contexto, a IA funciona como um parceiro de colaboração, expandindo a paisagem criativa do artista.

Em cada um destes setores, o papel da IA não é suplantar os humanos, mas sim ampliar as nossas capacidades, permitindo-nos alcançar mais do que conseguiríamos sozinhos. Ao abraçarmos esta inteligência aumentada, devemos também ter cuidado, garantindo que os sistemas de IA são transparentes, controláveis e concebidos para respeitar a autonomia e a dignidade humanas. Como discutiremos nas secções seguintes, gerir este delicado equilíbrio é um dos principais desafios do nosso futuro aumentado pela IA.

Secção 3:

O Futuro do Trabalho com IA

O futuro do trabalho na era da inteligência artificial invoca uma narrativa complexa, cheia de entusiasmo, curiosidade e uma pitada de apreensão. À medida que navegamos por esta narrativa em desenvolvimento, uma coisa é clara: o panorama do trabalho muda e a IA está ao leme desta mudança.

A inteligência artificial tem o potencial de automatizar uma proporção substancial de tarefas mundanas e repetitivas, independentemente do setor. Esta mudança não se refere apenas ao trabalho manual; mesmo as tarefas cognitivas, como a introdução de dados, a contabilidade e a programação, podem ser entregues aos sistemas de IA. Ao transferirmos estas tarefas para a IA, libertamos a capacidade humana para tarefas que exigem verdadeiramente os nossos atributos humanos únicos.

Consideremos, por exemplo, o domínio do serviço de apoio ao cliente. A inteligência artificial pode automatizar as respostas a questões simples, permitindo que os representantes do serviço de apoio ao cliente deem prioridade a questões complexas que exigem empatia, compreensão e resolução de problemas com 'nuances' — qualidades que a IA ainda não domina.

Nos cuidados de saúde, a IA pode assumir tarefas repetitivas como a manutenção de registos de pacientes, a coordenação de consultas ou mesmo a interpretação de testes de diagnóstico específicos. Esta automatização permite aos profissionais de saúde dedicar mais tempo aos cuidados diretos aos doentes e à tomada de decisões complexas.

No mundo empresarial, a IA pode supervisionar uma multiplicidade de tarefas administrativas, permitindo que os funcionários se concentrem no pensamento estratégico, na colaboração e na inovação. Ao assumir as tarefas de rotina, a IA permite que os seres humanos aprofundem as suas capacidades criativas e estratégicas.

Esta mudança para tarefas complexas e criativas pode potencialmente revolucionar a nossa perceção do trabalho. Deixaremos de ser "objetos humanos", executando tarefas de forma mecânica. Em vez disso, transformar-nos-emos em "seres humanos", onde o nosso trabalho se torna uma expressão da nossa criatividade, empatia, pensamento estratégico e capacidade de nos relacionarmos com os outros.

No entanto, ao perspetivarmos este futuro promissor, temos também de enfrentar os desafios que o acompanham. Estes desafios incluem o risco de deslocação do emprego devido à automatização e a necessidade urgente de requalificar e melhorar as competências da mão de obra. É crucial investirmos na educação e na aprendizagem ao longo da vida, permitindo que os indivíduos se adaptem à evolução do panorama profissional. Temos de garantir que os benefícios da automatização baseada na IA são distribuídos equitativamente. Os decisores políticos, os líderes empresariais e os educadores devem unir-se para criar um roteiro que garanta que todos beneficiam do potencial transformador da IA, minimizando a deslocação e a desigualdade.

À medida que estamos à beira desta transformação, temos a oportunidade única de redefinir a natureza do trabalho, promovendo um futuro onde o trabalho não é apenas uma questão de sobrevivência, mas também de crescimento, realização e expressão das nossas capacidades humanas únicas. Aproveitemos esta oportunidade para moldar um futuro de trabalho aumentado pela IA que seja justo, gratificante e verdadeiramente centrado no ser humano.

Secção 4:

Casos de Estudo: Exemplos Reais de Colaborações Bem Sucedidas entre Humanos e IA

No mundo real, a inteligência artificial tem colaborado efetivamente com os humanos para aumentar a eficiência, a criatividade e a inovação. Exploremos alguns destes fascinantes estudos de caso.

1. Cuidados de saúde: PathAI

A PathAI, uma empresa em fase de arranque sediada em Boston, fez progressos significativos ao colaborar com patologistas. A sua ferramenta baseada em IA ajuda a diagnosticar doenças a partir de lâminas patológicas, proporcionando uma taxa de precisão que ultrapassa a das equipas exclusivamente humanas. No entanto, o sistema não substitui os patologistas. Em vez disso, aumenta as suas capacidades, reduzindo as taxas de erro e aumentando a eficiência, permitindo que os patologistas se concentrem em diagnósticos complexos.

2. Formação académica: CENTURY Tech

No setor da educação, a plataforma de IA da CENTURY Tech transformou a aprendizagem personalizada. Ao analisar o comportamento de aprendizagem de um aluno, a IA adapta os conteúdos educativos, auxiliando os alunos a aprender ao seu próprio ritmo e estilo. Esta ferramenta não substitui os professores, mas dá-lhes poder. Munidos de informações sobre o estilo de aprendizagem de cada aluno, os professores podem orientar melhor os seus alunos, concentrando-se nas áreas onde a intervenção humana é mais valiosa.

3. Agricultura: Tecnologia Blue River

O controlo orientado de ervas daninhas da Blue River Technology é um exemplo notável de colaboração entre o homem e a inteligência artificial. Este sistema utiliza algoritmos de aprendizagem automática para distinguir entre culturas e ervas daninhas, pulverizando herbicidas apenas sobre estas últimas. Esta abordagem baseada na IA reduziu a utilização de herbicidas em até 90%, contribuindo para uma agricultura mais sustentável. Aqui, a IA assume uma tarefa laboriosa, permitindo que os agricultores se concentrem em estratégias mais amplas de gestão agrícola.

4. Media: o Heliograf do Washington Post

No jornalismo, a tecnologia de IA do Washington Post, Heliograf, automatizou a criação de pequenas atualizações de notícias, especialmente para desporto e cobertura eleitoral. Esta automatização não tornou os jornalistas redundantes. Pelo contrário, libertou-os de reportagens repetitivas, permitindo-lhes concentrarem-se no jornalismo de investigação, em artigos de fundo e em análises aprofundadas, onde os seus conhecimentos humanos são mais necessários.

5. Retalho: Stitch Fix

O Stitch Fix, um serviço de estilismo em linha, utiliza a IA para adaptar as seleções de vestuário aos clientes com base nas suas preferências, tamanhos e comentários anteriores. No entanto, a IA não toma a decisão final. Os estilistas humanos analisam as recomendações da IA, acrescentando o seu toque pessoal antes de finalizarem cada envio. Desta forma, a Stitch Fix combina a escalabilidade e a precisão da IA com a intuição e a criatividade humanas.

Estes estudos de caso oferecem um vislumbre do futuro da colaboração entre humanos e IA — um futuro na qual a IA não substitui os humanos, mas aumenta as nossas capacidades. Ao automatizar tarefas repetitivas, a IA permite-nos canalizar as nossas capacidades criativas, estratégicas e empáticas para áreas em que realmente fazemos a diferença. A ascensão da IA não é uma ameaça, mas uma oportunidade para criar um futuro de trabalho mais gratificante, criativo e centrado no ser humano.

Secção 5:

Desafios e Oportunidades na Colaboração entre Humanos e IA

A colaboração entre humanos e IA tem um enorme potencial, mas não está isenta de desafios. A confiança, a comunicação e a tomada de decisões destacam-se como obstáculos significativos. No entanto, é importante lembrar que cada desafio representa uma oportunidade de crescimento e inovação. Exploremos melhor estas áreas.

1. Confiança na IA

Um dos desafios mais preponderantes é a promoção da confiança entre os seres humanos e a IA. As decisões da IA ocorrem frequentemente numa caixa negra, tornando difícil para os humanos compreenderem e confiarem no processo. Além disso, as falhas de alto nível dos sistemas de IA, como os acidentes com veículos autónomos, podem minar ainda mais a confiança.

No entanto, este desafio representa uma oportunidade para melhorar a transparência e a explicabilidade dos sistemas de IA. Ao desenvolver modelos que podem fornecer razões compreensíveis para as suas previsões e ações, podemos promover a confiança e permitir parcerias eficazes entre humanos e IA. A investigação sobre a IA explicável (XAI) é um domínio em expansão que responde a esta necessidade.

2. Comunicação entre humanos e IA

A comunicação efetiva é outro desafio na colaboração entre humanos e IA. Os seres humanos e os sistemas de IA falam normalmente línguas diferentes, sendo que os seres humanos utilizam uma linguagem ambígua e dependente do contexto, enquanto os sistemas de IA funcionam melhor com instruções precisas e inequívocas.

Este desafio sublinha a oportunidade de melhorar as capacidades de processamento da linguagem natural (PNL) nos sistemas de IA. O fosso de comunicação diminui graças aos avanços da PNL, como se pode ver em modelos como o GPT-4, que facilitam a compreensão e a resposta dos sistemas de IA à linguagem humana. Novos aperfeiçoamentos poderão conduzir a interações homem-IA ainda mais naturais e eficientes.

3. Tomada de decisões na IA

A tomada de decisões na IA representa outro desafio. Embora os sistemas de IA possam analisar grandes quantidades de dados e tomar decisões rapidamente, não têm a capacidade humana de intuição, bom senso e julgamento ético. Isto pode levar a decisões que, embora tecnicamente corretas, podem ser inadequadas ou reprováveis num contexto mais amplo.

Este desafio realça a oportunidade de integrar a supervisão humana nos processos de tomada de decisão da IA. Ao criar sistemas onde os seres humanos e a IA decidem em colaboração, podemos combinar os pontos fortes de ambos. A IA e os seres humanos podem colaborar para tomar decisões eficazes e éticas. O primeiro pode lidar com a componente analítica de dados pesados, enquanto o segundo pode fornecer informações intuitivas, éticas e contextuais.

Embora existam desafios na colaboração entre humanos e IA, estes também apresentam oportunidades de inovação e melhoria. Ao enfrentarmos estes desafios de frente, podemos abrir caminho para um futuro onde os humanos e a IA trabalhem em conjunto sem problemas, cada um amplificando os pontos fortes do outro e atenuando as suas fraquezas. Este é um futuro no qual a IA não substitui os humanos, mas permite-nos alcançar mais do que poderíamos sozinhos.

Secção 6:

Conclusão e Direções Futuras

Ao encerrarmos esta exploração da colaboração entre humanos e IA, é essencial olhar para o futuro e antecipar as tendências e direções que irão moldar este campo excitante. A nossa relação com a tecnologia encontra-se num ponto de viragem crucial, onde a IA não só nos serve como também trabalha ao nosso lado para melhorar as nossas capacidades de formas sem precedentes.

1. Interação homem-IA mais intuitiva

Uma tendência promissora é o desenvolvimento de 'interfaces' mais intuitivas e naturais para a interação homem-IA. As 'interfaces' de voz e de gestos, a análise de sentimentos e os sistemas de

IA capazes de compreender e de se adaptar aos estilos de comunicação únicos de cada utilizador são áreas de investigação e desenvolvimento ativos. A IA do futuro não só compreenderá os nossos comandos, mas também o nosso contexto, as nossas emoções e as nossas necessidades não expressas, criando uma experiência mais intuitiva e sem descontinuidades.

2. A IA como parceiro criativo

O papel da IA nos projetos criativos está prestes a expandir-se. Já vimos a IA gerar música, arte e até literatura. No entanto, o futuro não se deve a de a IA substituir a criatividade humana, mas sim de a aumentar. Imagine ferramentas de IA capazes de compreender e até antecipar a visão criativa de um músico ou um assistente de escrita com IA capaz de continuar a narrativa de um autor no seu estilo único. Estes sistemas de IA não substituiriam os criativos humanos, mas tornar-se-iam parceiros criativos, permitindo novas formas de expressão e inovação.

3. Tomada de decisões em colaboração

Em setores que vão desde os cuidados de saúde às finanças, veremos mais sistemas de IA concebidos para colaborar com os humanos na tomada de decisões. Estes sistemas oferecerão o melhor de dois mundos: o poder de processamento de dados da IA com o julgamento ético e intuitivo dos humanos. Em áreas como a medicina, a IA poderia analisar dados complexos de pacientes, mas os médicos humanos tomariam as decisões finais, tendo em conta as circunstâncias e os valores únicos do paciente. Isto tem o potencial de ser revolucionário.

4. Democratização da IA

Por último, podemos antecipar uma tendência para a democratização da IA. À medida que a IA se torna mais fácil de utilizar e acessível, mais pessoas, mesmo as que não têm formação técnica, poderão utilizá-la e beneficiar dela no seu trabalho e na sua vida quotidiana. Isto pode levar a uma onda de inovação de base, à medida que pessoas de diversas áreas encontram novas utilizações para a IA.

O futuro da colaboração entre humanos e IA é rico em possibilidades. É uma viagem de crescimento e aprendizagem mútuos onde os seres humanos e os sistemas de IA se adaptarão continuamente e aprenderão uns com os outros. À medida que avançamos para este futuro emocionante, façamo-lo com um sentido de curiosidade, abertura à inovação e um firme compromisso com práticas éticas e justas. A IA do futuro não será algo que nos acontece, mas algo que moldamos em conjunto e em parceria com os próprios sistemas de IA que criamos.

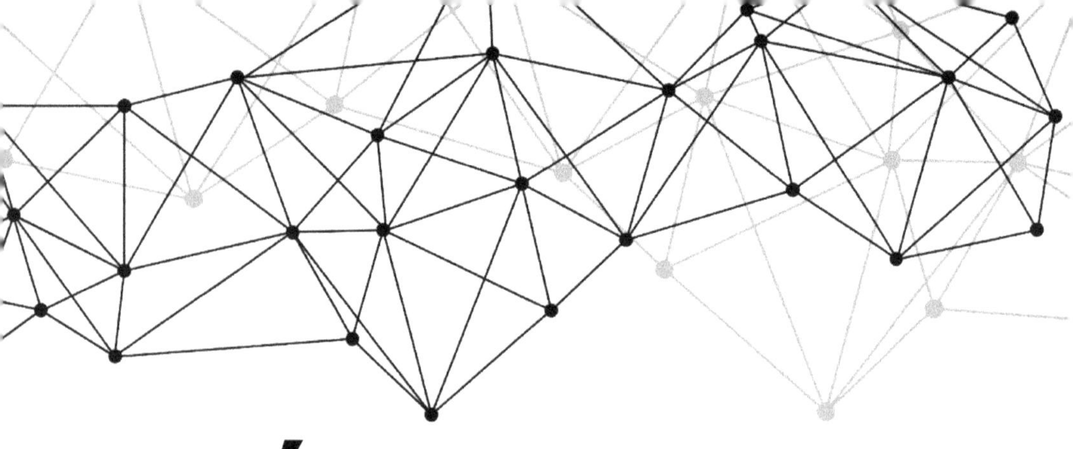

CAPÍTULO 7

Secção 1:

O Estado Atual da IA na Educação:
Sucessos e Desafios

A incursão da inteligência artificial no domínio da educação agita um mar de possibilidades transformadoras, ao mesmo tempo que revela desafios significativos. Exploraremos como a IA é utilizada na educação, abordando os seus êxitos, dificuldades e a relação entre os educadores humanos e as ferramentas de IA na definição do futuro da aprendizagem.

Sucessos

A IA tem sido fundamental para tornar a educação mais personalizada, acessível e flexível. A abordagem tradicional de "tamanho único" dá lugar a experiências de aprendizagem personalizadas, em que as plataformas alimentadas por IA se adaptam ao ritmo, estilo e nível de compreensão de cada aluno.

Por exemplo, os sistemas de tutoria inteligente (STI), como o Carnegie Learning MATHia e o Third Space Learning, revolucionam a educação personalizada. Essas plataformas podem avaliar a compreensão de um aluno, der feedback personalizado e até mesmo alterar a sua estratégia de ensino em tempo real com base no progresso do aluno.

A IA também melhora a acessibilidade. Ferramentas como o Immersive Reader da Microsoft utilizam a IA para ler texto em voz alta, dividir palavras em sílabas e aumentar o espaçamento entre linhas e letras, tornando a aprendizagem mais inclusiva para alunos com dislexia ou deficiência visual.

Além disso, a IA melhorou a adaptabilidade e a flexibilidade da educação, o que é significativo na era da aprendizagem à distância impulsionada pela pandemia da COVID-19. As plataformas alimentadas por inteligência artificial podem fornecer apoio à aprendizagem 24 horas por dia, 7 dias por semana, tornando a educação de qualidade acessível para além dos limites das salas de aula e do horário escolar tradicional.

Desafios

Apesar destes êxitos, a aplicação da IA na educação enfrenta desafios substanciais. Uma das principais preocupações é a privacidade dos dados. A própria personalização que a IA oferece exige a recolha e análise de grandes quantidades de dados sobre os alunos, o que pode infringir os direitos de privacidade e expor informações sensíveis a ameaças de cibersegurança.

A questão da equidade da IA também se coloca. Os enviesamentos nos algoritmos de IA podem reforçar inadvertidamente as desigualdades sociais, por exemplo, quando um sistema de IA favorece involuntariamente os alunos de determinadas origens demográficas devido aos dados com que foi treinado.

Existe o risco de uma dependência excessiva da IA, levando a uma diminuição do papel dos professores humanos. Embora a IA possa dar feedback personalizado, atualmente não consegue igualar a capacidade de um professor humano para inspirar, motivar e compreender as 'nuances' dos aspetos emocionais e sociais da aprendizagem.

Por último, existe o fosso digital — o fosso entre os que têm acesso à tecnologia e os que não têm. Os benefícios da IA na educação são discutíveis para os alunos que não têm acesso a uma Internet fiável ou ao 'hardware' necessário, um problema que é particularmente grave nas comunidades carenciadas e nas regiões em desenvolvimento.

Embora a IA tenha permitido avanços significativos na educação, temos de enfrentar estes desafios com cuidado. Equilibrar os benefícios da IA com a necessidade de privacidade dos dados, abordar o preconceito algorítmico, manter o toque humano insubstituível na educação e garantir o acesso equitativo aos recursos de IA são fundamentais para aproveitar todo o potencial da IA na transformação da aprendizagem.

Secção 2:

O Futuro da Educação: IA Para a Aprendizagem Personalizada e o Envolvimento dos Alunos

Seguindo, é crucial perceber que os avanços da IA se misturarão cada vez mais com o futuro da educação. O caminho à frente para a IA na educação é aquele que promete maior personalização, maior envolvimento do aluno e uma abordagem verdadeiramente centrada no aluno.

IA e aprendizagem personalizada

A capacidade da IA de personalizar o conteúdo educacional com base em estilos de aprendizagem, ritmo e preferências individuais transformará ainda mais a educação numa experiência personalizada. Os sistemas de IA tornar-se-ão mais hábeis a diagnosticar os pontos fortes e fracos dos alunos, a fornecer conteúdos educativos adaptados e a recomendar percursos de aprendizagem personalizados.

Considere um sistema orientado por IA que cria um perfil de aprendizagem dinâmico para cada aluno. Ajusta o ritmo da instrução, fornece recursos e até sugere pausas quando deteta que a atenção de um aluno diminui. À medida que o sistema aprende mais sobre o aluno, aperfeiçoa continuamente a sua abordagem, criando um percurso de aprendizagem verdadeiramente personalizado e adaptável.

IA para o envolvimento dos alunos

Melhorar o envolvimento dos alunos é outra área promissora para a IA. Ao incorporar elementos gamificados, realidade virtual e cenários interativos, a IA pode tornar a aprendizagem mais imersiva, divertida e envolvente. Imagine aulas de história onde os alunos podem passear virtualmente por civilizações antigas ou aulas de ciências em que podem manipular moléculas virtuais.

A IA pode também promover melhores interações entre alunos e professores. Os professores, libertados das tarefas de rotina pela automatização da IA, podem passar mais tempo a interagir com os alunos, a abordar conceitos complexos e a facilitar debates que exijam um pensamento de ordem superior.

A parceria homem-IA na educação

Ao perspetivar este futuro da educação aumentado pela IA, é importante lembrar que a IA é uma ferramenta que serve para melhorar, e não para substituir, o elemento humano na educação. O futuro da educação reside numa parceria harmoniosa entre a IA e os educadores. A IA pode lidar com a análise de dados e a personalização, enquanto os professores humanos fornecem a empatia, a compreensão social e a orientação inspiradora que a IA não pode replicar.

Ao utilizar a IA, os alunos com dificuldades podem ser identificados e os professores podem oferecer apoio atempado e direcionado. Pode libertar os professores de tarefas administrativas, permitindo-lhes concentrarem-se na interação com os alunos e no desenvolvimento holístico. Além disso, pode fornecer aos professores informações derivadas de dados, ajudando-os a aperfeiçoar as suas estratégias de ensino.

Conclusão

Embora a viagem para este futuro com recurso à IA tenha a sua quota-parte de desafios, desde a privacidade dos dados até ao enviesamento algorítmico, os potenciais benefícios para os alunos e educadores são imensos. À medida que percorremos este caminho, é essencial abordar a IA como um parceiro na educação, que pode aumentar as nossas capacidades e libertar-nos para nos concentrarmos no que realmente importa na educação: nutrir alunos curiosos, criativos e compassivos.

Secção 3:
Considerações Éticas e Riscos Potenciais

À medida que avançamos em direção a um futuro com IA na educação, é crucial reconhecer e gerir cuidadosamente as considerações éticas e os potenciais riscos envolvidos.

Privacidade e segurança dos dados

A base do potencial da IA na educação assenta na sua capacidade de processar grandes quantidades de dados. No entanto, este facto suscita preocupações significativas relativamente à privacidade e segurança dos dados. Como podemos garantir a proteção dos dados sensíveis dos alunos? Esta questão torna-se ainda mais premente quando consideramos as diferenças globais nos regulamentos de proteção de dados e o potencial de utilização indevida de dados.

Estas preocupações vão para além da recolha e armazenamento de dados. Abrangem como os dados são utilizados e quem tem acesso aos mesmos. Por exemplo, a utilização de análises preditivas na educação pode potencialmente conduzir à definição de perfis, em que as suposições feitas pelos algoritmos podem influenciar injustamente a trajetória educativa de um aluno.

Enviesamento algorítmico

Outra preocupação ética decorre da parcialidade dos algoritmos. Se os dados utilizados para treinar os sistemas de IA refletirem preconceitos sociais, a IA pode, involuntariamente, perpetuar ou mesmo exacerbar esses preconceitos. Por exemplo, um sistema de IA pode favorecer estudantes de determinadas origens devido a dados tendenciosos, influenciando potencialmente a atribuição de recursos e oportunidades.

Equidade e acessibilidade

Embora a IA tenha o potencial de democratizar a educação, pode também alargar involuntariamente o fosso digital. Nem todos os alunos têm acesso ao mesmo nível de tecnologia e a dependência de uma educação melhorada pela IA pode deixar em desvantagem aqueles que se encontram em zonas tecnologicamente mal servidas.

O papel dos professores

A utilização crescente da IA nas salas de aula também põe em causa o papel dos professores. Embora a IA liberte os professores de tarefas administrativas e personalizar a aprendizagem dos alunos, é importante garantir que não desvaloriza ou substitui inadvertidamente a ligação humana insubstituível e a orientação que os professores proporcionam.

Navegar no futuro

Para navegar por estas considerações éticas e riscos potenciais, é fundamental adotar uma abordagem ponderada e proativa. Isto implica estabelecer políticas robustas de proteção de dados, investir no desenvolvimento de sistemas de IA justos e transparentes, garantir um acesso justo à educação melhorada por IA e reavaliar continuamente o papel da IA na sala de aula.

Ao fazê-lo, podemos garantir que a IA serve como uma ferramenta que melhora e apoia a educação e não como uma força descontrolada que introduz novos riscos e desigualdades. Ao traçarmos o caminho para o futuro, asseguremos que orientamos a nossa viagem pelos princípios da equidade, da inclusão e do respeito pela dignidade humana de cada aluno.

Secção 4:

Casos de Estudo

Para dar vida ao nosso debate sobre a IA na educação, exploremos dois estudos de caso da realidade. Estas histórias sublinham o potencial da IA para revolucionar a pedagogia, ao mesmo tempo que destacam os desafios e as considerações éticas que temos de enfrentar.

Estudo de caso 1: IA na aprendizagem personalizada — a experiência da Knewton

A Knewton, um fornecedor de tecnologia de aprendizagem adaptativa, oferece um excelente exemplo do potencial da IA para melhorar a aprendizagem personalizada. O sistema da Knewton adapta-se dinamicamente às necessidades únicas de cada aluno, fornecendo conteúdos personalizados que otimizam a sua experiência de aprendizagem.

O 'software' analisa o desempenho dos alunos, identifica os seus pontos fortes e fracos e ajusta o conteúdo em conformidade em tempo real. Esta abordagem personalizada conduziu a melhorias notáveis no envolvimento e nos resultados dos alunos, com um estudo a revelar um aumento de 19% nas taxas de aprovação e um aumento de 12% nas notas.

No entanto, a utilização da IA pela Knewton levanta também importantes considerações éticas. Foram levantadas preocupações sobre a recolha e utilização dos dados dos estudantes, o que levou a Knewton a desenvolver políticas rigorosas de privacidade dos dados para proteger a informação dos estudantes.

Estudo de caso 2: IA para o envolvimento dos estudantes — a experiência da Universidade do Estado da Geórgia

A Universidade do Estado da Geórgia utilizou a IA para aumentar a participação dos estudantes e as taxas de sucesso. Desenvolveu um chatbot alimentado por IA chamado "Pounce", concebido para responder às perguntas dos alunos e orientá-los durante o processo de inscrição.

Os resultados foram surpreendentes. O chatbot respondeu a mais de 200 000 perguntas no primeiro verão, reduzindo em 22% a "fusão de verão" (alunos que aceitam a admissão, mas não se matriculam).

Embora o Pounce tenha sido um sucesso, também sublinhou a importância da supervisão humana. Inicialmente, o chatbot deu respostas incorretas a algumas perguntas devido a uma má interpretação das mesmas. A Georgia State University teve de implementar um ciclo de feedback com envolvimento humano para corrigir estes erros, sublinhando que a IA na educação deve aumentar, e não substituir, o envolvimento humano.

Estes casos de estudo fornecem exemplos convincentes do potencial transformador da IA na educação. No entanto, também sublinham a importância de abordar a IA com uma compreensão diferenciada das suas implicações éticas e dos seus riscos potenciais. Ao fazê-lo, podemos aproveitar o poder da IA para melhorar a educação, garantindo simultaneamente a proteção dos interesses dos alunos e o cumprimento das nossas obrigações éticas.

74

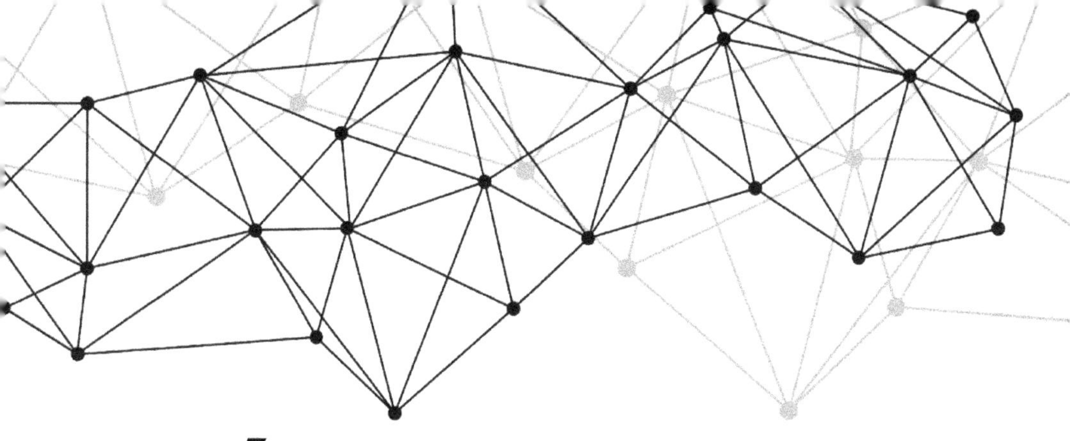

CAPÍTULO 8

Secção 1:

O Imperativo Desenvolvimento Responsável da IA

Na rápida marcha do progresso tecnológico, a inteligência artificial emergiu como uma força formidável, transformando todas as facetas da vida humana. A promessa da IA é, no entanto, temperada por um risco significativo, como acontece com todas as ferramentas fortes. O apelo ao desenvolvimento responsável da IA não é apenas uma questão de delicadeza ética, mas uma necessidade profunda e urgente.

O desenvolvimento responsável da IA começa com o reconhecimento da sua dupla natureza. Os sistemas de IA, quer se trate de algoritmos avançados de aprendizagem automática ou de simples chatbots, podem ser poderosos facilitadores do progresso humano. Podem impulsionar a produtividade, desbloquear novos conhecimentos e resolver problemas complexos. No entanto, estes sistemas também podem ser utilizados para manipular, enganar e violar a nossa privacidade. O mesmo algoritmo que pode prever doenças pode também ser utilizado para criar agentes biológicos, criar falsificações profundas, manipular a realidade e espalhar desinformação.

Dada esta dupla natureza, o desenvolvimento responsável da IA assenta nos princípios da integridade, da equidade e da transparência. Estes princípios não devem ser uma reflexão tardia; devem ser aspetos integrantes da conceção, desenvolvimento e implantação de sistemas de IA.

A *transparência* implica que os sistemas de IA devem ser compreensíveis para os utilizadores humanos. Temos de nos esforçar por eliminar o fenómeno da caixa negra e garantir que o funcionamento dos sistemas de IA possa ser inspecionado e interpretado.

A *responsabilidade* sublinha que as consequências dos sistemas de IA devem ser imputáveis a entidades identificáveis. Esta responsabilidade não se limita ao período de conceção e implantação, mas estende-se a todo o ciclo de vida do sistema de IA.

A *equidade* exige que os sistemas de IA não perpetuem os preconceitos existentes nem criem preconceitos. Devem tratar todos os utilizadores justamente e os seus benefícios devem ser acessíveis a todos.

Não esqueçamos que os sistemas de IA são criações humanas, refletindo os nossos valores, preconceitos e aspirações. O desenvolvimento da IA deve ser um processo participativo que envolva um grupo diversificado de partes interessadas. Isto inclui não só especialistas em IA, mas também especialistas em ética, sociólogos e representantes das comunidades em que estes sistemas terão impacto.

Neste ponto, vale a pena sublinhar que o imperativo do desenvolvimento responsável da IA ultrapassa o domínio dos profissionais de IA. Os decisores políticos, os educadores e o público também têm um papel crucial a desempenhar. Os decisores políticos devem elaborar regulamentos que promovam práticas de IA responsáveis; os educadores devem incutir um sentido de responsabilidade na próxima geração de profissionais de IA; e o público deve manter-se informado e responsabilizar os sistemas de IA e os seus criadores.

Em suma, o crescimento da IA não tem apenas a ver com tecnologia, mas também com fatores sociais e morais. O desenvolvimento responsável da IA é um imperativo que temos de defender para aproveitar o potencial da IA, salvaguardando simultaneamente os nossos valores, direitos e liberdades. Trata-se de uma viagem que devemos empreender em conjunto, com um diálogo aberto, uma compreensão partilhada e um empenhamento inabalável.

Secção 2:

Melhores Práticas para o Envolvimento das Partes Interessadas, Considerações Éticas e Avaliações de Impacto a Longo Prazo

No desenvolvimento e implantação da inteligência artificial, é importante reconhecer que não operamos no vazio. As nossas decisões e ações repercutem-se na complexa teia da sociedade, afetando uma multiplicidade de partes interessadas. O envolvimento com estas partes interessadas, tendo em conta as considerações adequadas e avaliando os impactos a longo prazo não são opcionais — são parte integrante do desenvolvimento responsável da IA.

Envolvimento das partes interessadas

O espetro de partes interessadas na IA é vasto, abrangendo utilizadores, comunidades, programadores, empresas, reguladores e a sociedade em geral. A identificação e o mapeamento são os primeiros passos para um envolvimento efetivo das partes interessadas, envolvendo uma comunicação, colaboração e envolvimento consistentes.

O princípio orientador aqui é a inclusão, o que significa dar voz a diversas perspetivas, experiências e áreas de estudo. O envolvimento das partes interessadas não técnicas e daqueles que os sistemas de IA podem afetar indiretamente faz parte deste processo.

Os circuitos de feedback são também cruciais. Facilitam o fluxo contínuo de informação, permitindo aos criadores compreender as preocupações, expectativas e sugestões das partes interessadas e incorporar esse feedback no processo de desenvolvimento da IA.

Considerações éticas

A incorporação da ética no desenvolvimento da IA não deve ser negociável. Isto inclui a adesão a princípios corretos como a transparência, a justiça, a privacidade e a responsabilidade e a operacionalização destes princípios em todas as fases do ciclo de vida da IA.

As considerações éticas também se estendem à questão do "deve" e não apenas do "pode". O facto de um sistema de IA poder ser construído não significa que o deva ser. Os programadores devem considerar a potencial má utilização e os efeitos negativos do sistema de IA e se esses riscos superam os benefícios.

Avaliações de impacto a longo prazo

A avaliação dos efeitos a longo prazo dos sistemas de IA é uma tarefa complexa, mas necessária. Isto implica não só prever os impactos diretos do sistema de IA, mas também as consequências indiretas e sistémicas.

Para tal, temos de adotar uma perspetiva sistémica, considerando as interações entre o sistema de IA e o sistema sociotécnico mais vasto em que opera.

Precisamos também de pensar em termos de cenários e não de previsões. O futuro é inerentemente incerto e, em vez de tentar prever um único resultado, é mais útil considerar uma série de cenários possíveis e prepararmo-nos para eles.

As avaliações de impacto a longo prazo devem ser revistas e atualizadas regularmente à medida que o sistema de IA se desenvolve e à medida que aprendemos mais sobre os seus impactos.

Em suma, o envolvimento das partes interessadas, as considerações éticas e as avaliações de impacto a longo prazo são os pilares do desenvolvimento responsável da IA. Ao adotar estas melhores práticas, podemos garantir que os nossos sistemas de IA não são apenas tecnicamente sólidos, mas também socialmente benéficos e eticamente alinhados. Trata-se de um esforço exigente, mas que devemos abraçar de todo o coração à medida que navegamos no panorama da IA e moldamos o futuro desta poderosa tecnologia.

Secção 3:

Estudos de Casos de Desenvolvimento e Implementação Responsáveis da IA

Os estudos de caso fornecem exemplos concretos dos princípios que discutimos, demonstrando como o desenvolvimento e a implantação responsáveis da IA podem ser alcançados na prática. Também lançam luz sobre os desafios encontrados ao longo do caminho e como podem ser ultrapassados.

Estudo de caso 1: Os princípios de IA da Google em ação

Em junho de 2018, a Google anunciou os seus princípios de IA, um conjunto de compromissos para orientar a abordagem da empresa à IA. Estes princípios incluem beneficiar socialmente, evitar criar ou reforçar preconceitos injustos, construir e testar a segurança, ser responsável perante as pessoas, incorporar princípios de conceção de privacidade, defender elevados padrões de excelência científica e disponibilizar utilizações que concordem com estes princípios. Estes princípios foram atualizados várias vezes, tendo a última atualização sido feita em 2022.

Uma implementação tangível destes princípios foi vista quando a Google decidiu não renovar um contrato com o Departamento de Defesa dos EUA para o Projeto Maven, que envolvia a utilização de IA para analisar imagens de 'drones'. Os funcionários da Google e as partes interessadas externas que manifestaram preocupações influenciaram esta decisão, demonstrando um compromisso com o princípio de evitar aplicações prejudiciais da IA.

Estudo de caso 2: IA fiável da IBM

A IBM foi pioneira no desenvolvimento da IA e também liderou o caminho na definição de princípios de confiança e transparência na IA. As diretrizes éticas da IBM em matéria de IA sublinham a importância da transparência, da explicabilidade, da equidade e da robustez.

A IBM operacionalizou estes princípios através de iniciativas como o AI Fairness 360, um conjunto de ferramentas de código aberto para ajudar os programadores a detetar e atenuar a parcialidade nos modelos de IA, e o AI Explainability 360, uma biblioteca abrangente de algoritmos de código aberto que suporta a explicabilidade dos modelos de aprendizagem automática. Ao disponibilizar gratuitamente estas ferramentas, a IBM não só implementou os seus próprios princípios, como também permitiu que outros fizessem o mesmo.

Estudo de caso 3: Comité de IA e ética em engenharia e investigação (AETHER) da Microsoft

Seis princípios éticos — inclusão, justiça, fiabilidade e segurança, privacidade e segurança, transparência e responsabilidade — orientam a abordagem da Microsoft ao desenvolvimento e implementação responsáveis da IA. Para operacionalizar estes princípios, a Microsoft criou o Comité AETHER, que fornece orientações sobre questões éticas relacionadas com a IA e realiza análises de projetos de IA sensíveis.

Um exemplo do trabalho do Comité AETHER é a decisão de limitar a utilização da tecnologia de reconhecimento facial da Microsoft por parte das agências de aplicação da lei devido a preocupações sobre a potencial utilização indevida e violação dos direitos individuais. Esta decisão reflete um compromisso com os princípios de justiça, privacidade e responsabilidade.

Estes estudos de caso indicam que o desenvolvimento e a implementação responsáveis da IA não só são viáveis como também benéficos. Ao aderirem a princípios éticos, ao envolverem as partes interessadas e ao avaliarem os efeitos a longo prazo, empresas como a Google, a IBM e a Microsoft conseguiram navegar no complexo panorama da IA, tomar decisões informadas e contribuir para o desenvolvimento de tecnologia de IA que não é apenas poderosa, mas também fiável e benéfica para todos.

Secção 4:

Ferramentas Práticas para uma IA Responsável

Enquanto o mundo continua a debater-se com as complexidades éticas da inteligência artificial (IA), surgiu uma série de ferramentas práticas para ajudar os programadores a criar sistemas de IA mais responsáveis e éticos. Estas ferramentas abrangem vários aspetos do desenvolvimento da IA, desde a deteção e atenuação de preconceitos, à explicabilidade e transparência e à preservação da privacidade.

Deteção e atenuação de preconceitos

O enviesamento pode infiltrar-se nos sistemas de IA através de vários canais, muitas vezes através dos dados de treino. Atualmente, existem várias ferramentas para identificar e atenuar esses enviesamentos.

O AI Fairness 360 da IBM é um conjunto abrangente de ferramentas de código aberto que fornece métricas para avaliar a equidade e algoritmos para atenuar o enviesamento em modelos e conjuntos de dados. Trata-se de uma experiência interativa que coloca em primeiro plano os conceitos de equidade, parcialidade e estratégias de atenuação.

Explicabilidade e transparência

A transparência da inteligência artificial implica compreender como os sistemas de IA tomam decisões. A ferramenta What-If da Google fornece uma 'interface' simples para os programadores investigarem visualmente o comportamento dos seus modelos de aprendizagem automática, encorajando uma compreensão abrangente dos processos subjacentes.

A AI Explainability 360 da IBM é uma biblioteca de código aberto que suporta a interpretabilidade e a explicabilidade dos dados e dos modelos de aprendizagem automática, permitindo aos programadores escolher entre uma série de algoritmos para explicar o funcionamento dos seus modelos.

Preservação da privacidade

A preservação da privacidade na era da IA é uma preocupação crescente. A OpenMined é uma comunidade de código aberto centrada na investigação, desenvolvimento e promoção de ferramentas para uma inteligência artificial segura, com preservação da privacidade e alinhada com os valores. O OpenMined utiliza tecnologias como a aprendizagem federada, a privacidade diferencial e a computação encriptada para garantir o mais elevado nível de privacidade dos dados.

Confiança e ética

O InterpretML da Microsoft é um pacote Python de código aberto que incorpora técnicas de interpretabilidade de aprendizagem automática de última geração para ajudar os programadores a compreender melhor os seus modelos, criar confiança e aderir a diretrizes éticas.

Conformidade regulamentar

O AI Hub da Google fornece capacidades de partilha de nível empresarial, incluindo pipelines de IA de ponta a ponta e algoritmos prontos a usar que cumprem as normas regulamentares. Permite que os programadores partilhem, colaborem e reutilizem facilmente diferentes elementos do desenvolvimento de IA.

Estas ferramentas práticas não são uma lista exaustiva, mas representam alguns desenvolvimentos interessantes no domínio da IA responsável. Demonstram as formas tangíveis como as considerações éticas podem ser incorporadas no processo de desenvolvimento da IA, proporcionando uma base sólida e prática para os programadores criarem sistemas de IA que sejam justos, explicáveis, preservem a privacidade, sejam fiáveis e cumpram os regulamentos. Com estas ferramentas em mãos, a promessa de uma IA responsável parece não só exequível como eminentemente alcançável.

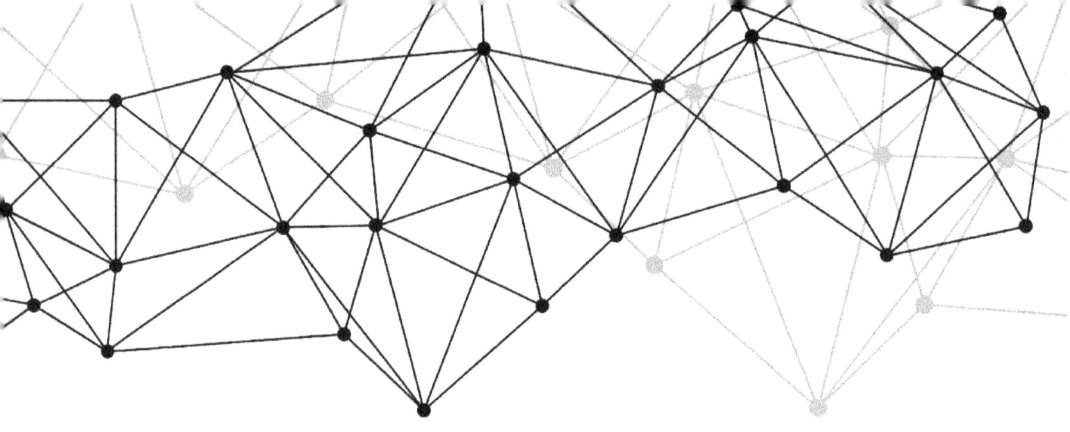

CAPÍTULO 9
A Evolução Exponencial da IA:
Prever e Preparar um Futuro para Além da Nossa Imaginação

Num horizonte distante, o futuro da inteligência artificial desdobra-se — uma visão tão imensa e complexa que desafia a nossa capacidade humana inata de perceber a progressão linear. A chave para desbloquear este entendimento é um conceito com o qual nos debatemos frequentemente e que é vital para a nossa compreensão da evolução da IA — o crescimento exponencial.

O crescimento exponencial é um conceito estranho à nossa compreensão instintiva do mundo. Somos, por natureza, pensadores lineares. Compreendemos o tempo e a progressão de uma forma direta e unidimensional — um pé à frente do outro, uma página após a outra. Mas a evolução da IA não se conforma com este caminho linear. Expande-se e evolui numa explosão de crescimento exponencial, em que cada passo em frente não é apenas uma adição, mas uma multiplicação. É difícil para compreendermos a ideia de algo que duplica, depois quadruplica e acaba por se tornar dezasseis vezes mais potente.

Isto não é uma falha da nossa cognição, mas um resultado do nosso passado evolutivo. Os nossos antepassados, que vagueavam pelas savanas de África, não precisavam de compreender o crescimento exponencial. Sobreviveram e prosperaram com base em relações lineares e diretas — se corrermos o dobro da velocidade, apanhamos o dobro da presa; se recolhermos o dobro do tempo, temos o dobro da comida. Estas equações lineares eram a força vital da nossa sobrevivência e, por isso, tornou-se o alicerce da nossa compreensão instintiva do mundo.

No entanto, aqui estamos nós no precipício de uma era definida pelo crescimento exponencial. Desde a Lei de Moore, que postulava a duplicação do poder de processamento dos computadores a cada dois anos, até aos avanços cada vez mais rápidos a que assistimos na IA, o crescimento exponencial é o coração pulsante da nossa era tecnológica. É a razão pela qual a IA, outrora uma novidade curiosa, é agora uma força omnipresente que remodela o nosso mundo.

De facto, o conceito de crescimento exponencial está tão profundamente interligado com a evolução da IA que um não pode ser compreendido sem o outro. O objetivo deste capítulo é examinar a intrincada relação entre a IA e o crescimento exponencial e analisar o que isso representa para o nosso futuro.

Estamos no início de uma era em que a IA, impulsionada pelo motor implacável do crescimento exponencial, tem o potencial de ultrapassar as nossas imaginações mais loucas. O caminho que temos pela frente é desconhecido e cheio de incertezas, mas é nossa responsabilidade prever e prepararmo-nos para este futuro, por muito insondável que possa parecer.

Esta viagem de compreensão começa com uma verdade simples, mas profunda: o futuro da IA não será uma linha reta, mas uma curva exponencial, atingindo alturas que mal podemos conceber. E embora este conceito possa ser difícil de compreender, é essencial para navegar no vasto potencial e nas armadilhas que o futuro da IA promete. Comecemos esta viagem deixando para trás o caminho linear e abraçando a subida exponencial que temos pela frente.

Secção 1:

A Matemática do Crescimento Exponencial e da IA

Para apreciar plenamente a trajetória da evolução da IA, temos primeiro de compreender a matemática que lhe está subjacente. O crescimento exponencial, muitas vezes visualizado como uma linha ascendente num gráfico, é mais do que um mero conceito numérico; é um dos principais impulsionadores da impressionante ascensão da IA.

O crescimento exponencial lida com o princípio da duplicação. Uma quantidade sujeita a crescimento exponencial não aumenta numa quantidade consistente em intervalos regulares; em vez disso, duplica. Este pode parecer um conceito abstrato, por isso vamos fundamentá-lo com um exemplo simples, mas revelador.

Considere um nenúfar que cresce num lago. Suponha que este nenúfar duplica de tamanho todos os dias. No primeiro dia, cobriu uma pequena área do lago. No segundo dia, já cobria o dobro dessa área. No terceiro dia, cobre quatro vezes a área, e assim por diante. Ao fim de trinta dias, cobre completamente a lagoa.

Agora, eis a questão: quando é que acham que a lagoa está meio--coberta? Muitos diriam intuitivamente que no décimo quinto dia, mas a resposta é no vigésimo nono dia. Esta é a essência do crescimento exponencial — a súbita explosão de crescimento, aparentemente fora do lugar, que caracteriza a curva "taco de hóquei" que associamos aos processos exponenciais.

Este princípio está profundamente enraizado no desenvolvimento da IA. É o que faz com que a IA pareça surgir do nada, transformando-se subitamente de uma tecnologia marginal numa força dominante no nosso mundo. Quando aplicada à IA, não é apenas o tamanho de um nenúfar que está em causa — é o poder de processamento, a sofisticação dos algoritmos e o volume de dados que podemos analisar.

A lei de Moore apoia este fenómeno, afirmando que o número de transístores num circuito integrado (e, por conseguinte, o poder de processamento) duplica a cada dois anos. Esta lei impulsionou a revolução digital e lançou as bases para o advento e o crescimento exponencial da IA.

Outro exemplo é o desenvolvimento de algoritmos de IA. Cada nova iteração de um algoritmo de IA não acrescenta apenas um pouco mais de capacidade — frequentemente duplica, triplica ou até quadruplica a potência, ou a eficiência da última versão. Por isso, vimos a IA passar da capacidade de vencer os humanos nas damas, no xadrez e no Go para videojogos complexos como o Dota 2 e o StarCraft II num espaço de tempo relativamente curto.

As implicações do crescimento exponencial da IA são profundas. Não se trata de uma progressão linear em que podemos ver claramente o caminho a seguir. Trata-se de uma curva que dispara rapidamente para cima, tornando o futuro cada vez mais difícil de prever. No entanto, a compreensão deste princípio é fundamental tanto para antecipar a trajetória da IA como para gerir o seu impacto no nosso mundo. O lago enche-se rapidamente e compreender a natureza do crescimento do nenúfar é o primeiro passo para nos prepararmos para o mundo quando este estiver totalmente coberto.

Secção 2:

A Trajetória Exponencial da IA: Casos e Dados

O percurso da inteligência artificial até agora ilustra um caso clássico de crescimento exponencial. Esta rápida expansão, muitas vezes escondida até atingir um ponto de viragem, é visível em várias dimensões da IA — desde o seu poder computacional às suas capacidades de desempenho e à sua penetração em vários setores.

Vejamos, por exemplo, a evolução do poder computacional da IA. De acordo com um relatório de 2018 da OpenAI, a potência computacional utilizada nos maiores treinos de IA tem duplicado a cada 3,4 meses desde 2012, ultrapassando a Lei de Moore por uma margem significativa. Este aumento exponencial do poder computacional não é apenas um jogo de números; tem implicações concretas para os tipos de tarefas que a IA pode executar e para a eficiência com que as pode realizar.

Os efeitos desta escalada computacional são evidentes no desempenho da IA. Modelos como o GPT-3 servem de exemplo da capacidade da IA para compreender e produzir linguagem humana. O GPT-3, com os seus 175 mil milhões de parâmetros de aprendizagem automática, é um salto quântico em relação ao seu antecessor, o GPT-2, que tinha 1,5 mil milhões de parâmetros. Em comparação, a GPT-4 tem 1,7 biliões de parâmetros, um crescimento exponencial em relação à GPT-3. A GPT-4 tornou-se exponencialmente mais complexa, permitindo-lhe produzir texto que é frequentemente indistinguível do texto escrito por humanos — uma proeza impensável há alguns anos.

Outra ilustração interessante da trajetória exponencial da IA é a sua penetração cada vez mais profunda em vários setores. As aplicações de IA deixaram rapidamente de ser utilizadas predominantemente em setores centrados na tecnologia para se tornarem omnipresentes em todas as indústrias, incluindo os cuidados de saúde, a educação, as finanças e até as artes. A IA ajuda agora a diagnosticar doenças, a personalizar a aprendizagem, a prever os mercados financeiros e a criar obras de arte — tarefas que eram anteriormente consideradas do domínio exclusivo da inteligência humana.

Considere-se o setor dos cuidados de saúde, onde a IA ter feito progressos notáveis. Em 2017, um estudo de Stanford mostrou que um algoritmo de IA podia identificar o cancro da pele com a mesma precisão que os dermatologistas certificados. Além disso, em 2021, a IA DeepMind da Google alcançou um marco significativo ao desenvolver um sistema avançado capaz de prever as estruturas 3D das proteínas, resolvendo efetivamente um desafio complexo e de longa data no domínio da biologia que persistia há mais de cinquenta anos. Atualmente, o DeepMind já previu quase todas as proteínas conhecidas, abrindo uma miríade de possibilidades para avanços na medicina, biotecnologia e investigação científica.

No entanto, ao mesmo tempo que nos maravilhamos com os feitos da IA, é crucial lembrar que o crescimento exponencial também aumenta os desafios. A velocidade do desenvolvimento da IA dificulta que os regulamentos, as diretrizes éticas e a compreensão da sociedade acompanhem o ritmo. Cada salto nas capacidades da IA levanta novas questões sobre a privacidade, a segurança, a deslocação do emprego e a própria natureza da identidade humana num mundo cada vez mais automatizado.

Em resumo, o percurso da IA reflete os princípios do crescimento exponencial, uma vez que o seu poder computacional, capacidades e aplicações expandiram-se dramaticamente num tempo relativamente curto. Uma vez que estamos no limiar desta curva acentuada, compreender esta trajetória é crucial para aproveitar o potencial da IA de forma responsável e para nos prepararmos para um futuro na qual a IA esteja ainda mais profundamente integrada no tecido das nossas vidas.

Secção 3:

Linear em Comparação a Exponencial: Um Contraste na Trajetória de Crescimento da IA

Compreender a natureza da trajetória de crescimento da IA envolve um claro contraste entre crescimento linear e exponencial. A intuição humana, na maioria baseada na perceção linear, tem dificuldade em compreender as implicações surpreendentes do crescimento exponencial. Esta disparidade torna-se claramente evidente quando aplicamos estes conceitos ao desenvolvimento e ao impacto das tecnologias de IA.

Num cenário de crescimento linear, o progresso é constante e gradual. Se o traçássemos num gráfico, veríamos uma linha reta que se move previsivelmente de um ponto para o outro. Por exemplo, considere uma situação em que dá trinta passos linearmente, em que cada passo o faz avançar um metro. Após trinta passos, estaria a trinta metros de distância do seu ponto de partida. Esta progressão é intuitiva e fácil de visualizar porque é diretamente proporcional: o dobro dos passos e o dobro da distância.

Agora, consideremos um cenário de crescimento exponencial, em que em vez de dar trinta passos lineares, dá trinta passos exponenciais. Neste caso, cada passo é o dobro do anterior. O primeiro passo leva-o um metro, o segundo passo, dois metros, o quarto passo, oito metros, e assim por diante. Ao chegar ao trigésimo passo, teríamos, surpreendentemente, circunavegado a Terra cerca de vinte e seis vezes! Este exemplo vívido ilustra a grande diferença entre crescimento linear e exponencial e a razão pela qual os nossos cérebros linearmente ligados têm dificuldade em compreender as implicações deste último.

Como isto se relaciona com a IA? Quando pensamos na evolução da IA, não lidamos com uma progressão linear. Em vez disso, lidamos com uma curva exponencial. Isto é claro quando olhamos para os saltos no poder computacional, na eficiência do desempenho, na relação custo-eficácia e na rápida difusão da IA em vários setores.

Veja-se a evolução dos modelos de aprendizagem automática. No início da década de 2010, os modelos com alguns milhões de parâmetros eram considerados de última geração. Avançando para 2023, o modelo GPT-4 da OpenAI apresenta 1,7 triliões de parâmetros — um aumento exponencial incrível em apenas uma década. Além disso, as capacidades destes modelos cresceram em paralelo. Atualmente, os sistemas de IA executam rotineiramente tarefas como a tradução de línguas, o reconhecimento de imagens e a realização de jogos, que outrora eram considerados desafios monumentais.

Este crescimento exponencial, no entanto, não se limita a trazer avanços espantosos. Também acentua os desafios e os riscos associados à IA. As questões relacionadas com a privacidade, a segurança, os preconceitos e a deslocação de postos de trabalho tornam-se progressivamente mais complexas e prementes à medida que a IA evolui a um ritmo exponencial. Os quadros éticos e regulamentares, que normalmente evoluem linearmente, têm dificuldade em acompanhar o ritmo do desenvolvimento da IA, conduzindo a um fosso gradativo que requer uma atenção urgente.

O contraste entre o crescimento linear e o exponencial ajuda-nos a compreender não só os progressos espetaculares da IA, mas também a urgência de enfrentar os desafios que traz consigo. Compreender a trajetória exponencial da IA é crucial para aproveitar os seus benefícios e reduzir os seus riscos.

Secção 4:
O Cérebro Humano e o Pensamento Exponencial

A ironia de explorar a evolução exponencial da IA é que esta tem origem na criatividade humana, mas não a conseguimos compreender totalmente. A razão simples é que os nossos cérebros, por muito notáveis que sejam, não foram naturalmente programados para pensar exponencialmente. Desenvolveram-se num mundo onde a sobrevivência dependia da compreensão de relações lineares, de causa e efeito, e não de relações exponenciais.

Esta tendência cognitiva para o pensamento linear tem raízes evolutivas profundas. Os primeiros humanos precisavam de estimar distâncias, quantidades e intervalos de tempo com precisão para sobreviver, mas não precisavam de calcular juros compostos ou prever taxas de transmissão de vírus. Por isso, os nossos cérebros desenvolveram heurísticas, ou atalhos mentais, para lidar com o tipo de problemas lineares que os nossos antepassados enfrentavam. Esta perspetiva foi estudada na psicologia cognitiva, em particular nos trabalhos de Daniel Kahneman e Amos Tversky, que mostraram como estes atalhos mentais conduzem frequentemente a erros sistemáticos de previsão ou a enviesamentos cognitivos.

Um desses enviesamentos cognitivos que dificulta a nossa compreensão do crescimento exponencial é o "efeito de ancoragem". Denota a nossa propensão para confiar fortemente na informação inicial que recebemos (a "âncora") quando tomamos decisões. A nossa experiência incremental com a tecnologia dificulta ajustar as nossas expectativas ao rápido crescimento da IA.

Outro enviesamento cognitivo relevante é o "enviesamento de suposição linear", em que assumimos naturalmente que o futuro será como o passado e as mudanças ocorrerão de forma constante e linear. Este enviesamento dificulta-nos a aceitação de que a IA pode transformar o nosso mundo de formas que podem parecer inimagináveis com base nas nossas experiências passadas.

A "heurística da disponibilidade" é outro atalho cognitivo que afeta a nossa capacidade de prever o crescimento exponencial. Esta heurística leva-nos a basear as nossas previsões em informações que nos estão imediatamente disponíveis, em vez de procurarmos todos os dados necessários e relevantes. Dado que a informação mais facilmente disponível diz normalmente respeito ao passado recente, subestimamos o potencial de mudança rápida e exponencial.

Ultrapassar estes preconceitos cognitivos é um desafio significativo, mas não é insuperável. Requer um esforço deliberado, educação e prática. Temos de nos treinar para pensar em termos de taxas de mudança em vez de quantidades absolutas e para apreciar o poder da composição. Temos de passar de uma mentalidade estática e fixa para uma mentalidade dinâmica e orientada para o crescimento. Esta mudança cognitiva é crucial não só para os que estão diretamente envolvidos no desenvolvimento da IA, mas para todos nós, à medida que navegamos num mundo cada vez mais orientado para a IA.

Compreender as nossas tendências cognitivas relativamente ao pensamento linear é o primeiro passo para apreciar o crescimento exponencial da IA. Ao desenvolvermos estratégias para ultrapassar estas tendências, estaremos mais bem equipados para antecipar e prepararmo-nos para um futuro na qual a IA poderá redefinir o reino das possibilidades.

Os nossos preconceitos cognitivos e a trajetória futura da IA

À medida que aprofundamos os meandros do crescimento da IA, torna-se evidente que os nossos preconceitos cognitivos podem funcionar como barreiras, distorcendo a nossa perceção da trajetória futura da IA e das suas implicações. Esta perceção incorreta tem ramificações não só para os tecnólogos, mas também para os decisores políticos, líderes empresariais, educadores e, na verdade, para a sociedade em geral. Exploremos melhor estes possíveis obstáculos.

O "viés de suposição linear" pode levar-nos a subestimar drasticamente o ritmo a que as tecnologias de IA podem evoluir e permear as nossas vidas. Especialistas como Ray Kurzweil afirmam que, se partirmos do princípio de que o desenvolvimento futuro da IA se processará ao mesmo ritmo que no passado, poderemos não conseguir antecipar um futuro a poucos anos de distância na qual a IA poderá superar os seres humanos nos trabalhos economicamente mais valiosos. Essa subestimação poderia levar a uma falta de preparação e adaptação, causando perturbações socioeconómicas significativas.

O "efeito de ancoragem" pode fazer com que sejamos lentos a rever as nossas crenças sobre o potencial da IA tendo em conta novos dados. Este enviesamento pode causar uma falta de reconhecimento do potencial transformador da IA ou uma subestimação dos riscos que lhe estão associados. Por exemplo, se estivermos ancorados na ideia de que a IA é apenas uma ferramenta para automatizar tarefas mundanas, podemos ignorar o seu potencial para criar tipos de empregos, indústrias e estruturas sociais ou a sua capacidade para provocar mudanças sem precedentes na dinâmica do poder.

A "heurística da disponibilidade" pode distorcer a nossa perceção das implicações da IA com base em títulos sensacionalistas ou ficção científica distópica, em vez de provas científicas rigorosas. Embora as preocupações imediatas, como o enviesamento algorítmico, a privacidade dos dados ou a vigilância através da IA, possam ser minimizadas, podem surgir receios descabidos devido a uma ênfase excessiva no risco de uma IA malévola e superinteligente.

É crucial compreender estes preconceitos cognitivos e como podem dificultar a nossa compreensão da trajetória futura da IA. Reconhecer estes obstáculos mentais permite-nos mitigar os seus efeitos, abrindo caminho para uma compreensão mais matizada e exata da IA. Encoraja-nos a questionar os nossos pressupostos, a procurar perspetivas diversas e a atualizar as nossas crenças em resposta a novas provas.

Este entendimento sublinha a importância de um diálogo inclusivo e interdisciplinar na definição do futuro da IA. Os tecnólogos, os especialistas em ética, os cientistas sociais, os decisores políticos e os cidadãos precisam de colaborar, reunindo diversos conhecimentos e perspetivas para enfrentar os obstáculos e as oportunidades decorrentes da IA.

Compreender o crescimento exponencial da IA não é apenas uma questão de compreender a matemática; é também uma questão de reconhecer e ultrapassar os nossos preconceitos cognitivos. Ao fazê-lo, podemos promover um discurso mais informado e construtivo sobre a IA, alinhando a sua trajetória com os nossos valores e aspirações coletivos e aproveitando o seu potencial para criar um futuro onde a humanidade floresça.

Abraçar o pensamento exponencial: navegar no futuro da IA

A capacidade de pensar exponencialmente evoluiu de uma curiosidade intelectual para uma competência crucial num mundo no qual a IA se desenvolve a um ritmo exponencial. A chave para desbloquear este potencial reside não só na compreensão dos princípios matemáticos do crescimento exponencial, mas também na adoção de estratégias para atenuar os enviesamentos cognitivos e aumentar a nossa precisão de previsão.

A *educação e a consciencialização* constituem a base deste processo. Uma compreensão abrangente das capacidades da IA, da sua trajetória e das suas potenciais implicações sociais podem ajudar a dissipar ideias erradas e a alinhar as nossas expectativas com a realidade. Isto inclui o estudo da própria tecnologia de IA, bem como das suas dimensões éticas, jurídicas e sociais mais amplas. As instituições de ensino, tanto tradicionais como não tradicionais, têm um papel importante na promoção desta compreensão e na promoção de uma cultura de aprendizagem permanente e de adaptabilidade face às mudanças tecnológicas.

Temos também de cultivar o hábito de questionar os *nossos pressupostos e preconceitos*. Isto pode ser conseguido através de práticas como o "red teaming", em que um grupo de indivíduos examina criticamente uma questão de todos os ângulos possíveis, ou tirando partido da própria IA, utilizando-a como uma ferramenta para identificar e atenuar os preconceitos nos nossos processos de tomada de decisões.

A terceira estratégia envolve a promoção da diversidade e da colaboração interdisciplinar. O futuro da IA não é apenas uma questão para os tecnólogos; envolve uma miríade de dimensões sociais, éticas e económicas. O envolvimento de diversas perspetivas — de especialistas em ética, cientistas sociais, decisores políticos e utilizadores finais — pode ajudar a descobrir pontos cegos, desafiar o pensamento de grupo e resultar em previsões e soluções mais robustas.

Em seguida, *aceitar a incerteza e adotar uma abordagem baseada* em cenários pode aumentar a nossa precisão de previsão. Embora seja impossível prever o futuro com total certeza, podemos imaginar uma série de cenários plausíveis com base nas tendências e incertezas atuais. Estes cenários podem servir de "bússola", orientando as nossas decisões estratégicas, ajudando-nos a preparar para diferentes contingências e permitindo-nos responder mais eficazmente à medida que o futuro se desenrola.

Por último, a estratégia de *aprendizagem e adaptação contínuas* é crucial. Num domínio em rápida evolução como a IA, o que funcionou ontem pode não funcionar amanhã. Temos de nos manter abertos a novos dados, estar dispostos a rever as nossas convicções e adaptar as nossas estratégias em conformidade. Isto requer humildade, curiosidade e resiliência — qualidades que as máquinas, apesar de todas as suas proezas, não conseguem replicar.

Como última observação, pensar exponencialmente sobre a IA implica não só compreender a matemática, mas também reconhecer e ultrapassar os nossos preconceitos cognitivos, promover a diversidade, aceitar a incerteza e adotar uma mentalidade de aprendizagem e adaptação contínuas. Embora estas estratégias não garantam uma previsão perfeita, aumentam a nossa capacidade de enfrentar os desafios e as oportunidades da era da IA, permitindo-nos orientar a sua trajetória para um futuro em que tanto a humanidade como a tecnologia possam prosperar.

Perspetivar o futuro exponencial da IA: cenários em todas as esferas

No momento em que nos encontramos no precipício da era da IA, o vasto espetro de potenciais futuros pode ser assustador. No entanto, é essencial confrontar estas possibilidades, reconhecendo as inúmeras formas como o crescimento exponencial da IA pode reformar as nossas sociedades. Imaginemos cenários em três setores vitais: a economia, os cuidados de saúde e a educação.

1. A economia: A IA como catalisador da abundância

Neste cenário, a IA funciona como um motor de crescimento económico e prosperidade sem precedentes. A automatização das tarefas rotineiras liberta o trabalho humano da fadiga, libertando-nos para empreendimentos mais criativos e gratificantes. Os sistemas de inteligência artificial aumentam as capacidades humanas, elevando a produtividade a novos patamares e criando riqueza a uma escala até agora inimaginável.

Os algoritmos inteligentes identificam as ineficiências do mercado, democratizam o acesso aos serviços financeiros e promovem a igualdade económica. Os modelos preditivos avançados permitem às empresas otimizar as cadeias de abastecimento, reduzir o desperdício e melhorar a sustentabilidade. Os governos aproveitam a IA para um planeamento urbano inteligente, resultando em cidades mais habitáveis e resilientes.

2. Cuidados de saúde: o início da medicina de precisão

No domínio dos cuidados de saúde, o crescimento exponencial da IA poderá dar início a uma era de medicina de precisão, em que os tratamentos são adaptados aos fatores genéticos, ambientais e de estilo de vida de cada doente. Os algoritmos de IA analisam grandes quantidades de dados médicos, discernindo padrões subtis que escapam aos médicos humanos e permitindo a deteção precoce de doenças como o cancro ou a doença de Alzheimer.

As cirurgias assistidas por robôs atingem níveis de precisão e consistência superiores à capacidade humana, reduzindo as complicações e melhorando os resultados dos doentes. Os assistentes de enfermagem virtuais prestam cuidados 24 horas por dia, oferecendo conforto e companhia aos idosos e aos doentes crónicos. A telemedicina baseada em IA democratiza o acesso aos serviços de saúde, chegando às comunidades mais remotas e carenciadas.

3. Educação: aprendizagem personalizada para todos

No domínio da educação, a IA poderá abrir caminho a uma aprendizagem verdadeiramente personalizada. Os tutores de IA adaptam-se ao estilo de aprendizagem, ritmo e interesses únicos de cada aluno, promovendo o gosto pela aprendizagem e cultivando todo o potencial de cada indivíduo. A análise em tempo real identifica lacunas na compreensão, permitindo intervenções e apoio atempados.

A realidade virtual, que utiliza a IA para a alimentar, mergulha os alunos em ambientes de aprendizagem interativos e experimentais, melhorando a eficácia e o envolvimento da educação. As ferramentas de inteligência artificial democratizam o acesso a uma educação de qualidade, eliminando barreiras geográficas, socioeconómicas e físicas.

Estes cenários não estão isentos de desafios. Cada um deles encerra potenciais armadilhas e dilemas éticos, desde a deslocação de postos de trabalho e a desigualdade na esfera económica, passando pelas preocupações com a privacidade e as disparidades sanitárias nos cuidados de saúde, até às clivagens digitais e aos preconceitos algorítmicos na educação. Ao imaginar estes futuros, podemos começar a traçar um rumo para um futuro na qual a IA sirva como uma ferramenta de capacitação, prosperidade e florescimento humano, guiados pelos nossos valores e aspirações partilhados.

Cenário 1: a economia exponencial: a transformação da riqueza e do trabalho

O panorama económico está à beira de uma mudança sísmica. Com o crescimento exponencial da IA, a economia de amanhã poderá ser quase irreconhecível. Nesta nova ordem mundial, a IA influencia não só a economia, como também se torna o principal motor, criando indústrias, remodelando os mercados de trabalho e até mesmo conduzindo-nos a uma sociedade pós-escassez.

Ascensão de novos setores

A inteligência artificial não é apenas mais um setor. É uma tecnologia fundamental, semelhante à eletricidade ou à Internet, e os seus tentáculos chegarão a todos os setores da economia. Mas, além disso, a IA dará origem a indústrias inteiramente novas. Considere-se o campo emergente da ética da IA, onde os profissionais orientam o desenvolvimento e a implementação responsáveis dos sistemas de IA, ou o domínio do direito da IA, onde os juristas se debatem com questões de responsabilidade, privacidade e propriedade intelectual na era da IA.

Nos cuidados de saúde, poderemos assistir ao aparecimento de empresas de diagnóstico por IA capazes de detetar doenças a partir de imagens médicas com uma precisão sobre-humana. Na educação, os serviços de tutoria de IA poderão oferecer uma aprendizagem personalizada em grande escala. Estas são apenas algumas das inúmeras indústrias que poderão emergir do cadinho do crescimento exponencial da IA.

Deslocação do emprego e evolução do trabalho

À medida que a IA automatiza as tarefas de rotina, alguns empregos tornar-se-ão inevitavelmente obsoletos. Esta transição poderá ser tumultuosa, deslocando trabalhadores e exacerbando as desigualdades sociais. A história ensina-nos que a deslocação de empregos induzida pela tecnologia não é o fim da história. Tal como a revolução industrial acabou por conduzir a um aumento líquido de postos de trabalho, a revolução da IA poderá gerar um renascimento económico semelhante.

Serão criados empregos — alguns em novas indústrias, outros em áreas existentes que requerem um toque humano. A economia dos cuidados, as indústrias criativas e as funções que exigem decisões complexas ou uma elevada inteligência emocional são suscetíveis de florescer. Além disso, a IA não se limitará a substituir tarefas, mas também aumentará as capacidades humanas, permitindo-nos trabalhar de forma mais inteligente e alcançar mais objetivos.

Rumo a uma sociedade pós-escassez

A implicação económica mais intensa da IA poderá ser o seu potencial para nos conduzir a uma sociedade pós-escassez. A inteligência artificial, em combinação com outras tecnologias como o fabrico de aditivos e as energias renováveis, poderá reduzir drasticamente o custo dos bens e serviços. À medida que os sistemas de IA tornam-se mais capazes, os recursos que anteriormente eram escassos poderão tornar-se abundantes.

Esta transição não será isenta de desafios. Provocaria uma reformulação radical dos nossos sistemas económicos e estruturas sociais. Conceitos como o rendimento básico universal ou os serviços básicos universais poderão passar das margens para a corrente dominante. Mesmo as nossas noções de trabalho e de objetivo poderão ter de ser reimaginadas num mundo onde as necessidades materiais são satisfeitas.

Em suma, a IA potencia a economia exponencial, sendo uma tremenda promessa, mas não é uma utopia garantida. Coloca-nos perante um conjunto de escolhas. Vamos aproveitar a IA para criar uma prosperidade alargada ou vamos permitir que ela agrave a desigualdade? As respostas a estas perguntas não estão na tecnologia em si, mas em nós — nas políticas que adotamos, nas orientações éticas que estabelecemos e na visão do futuro que escolhemos seguir.

Cenário 2: saúde 2.0: A IA como catalisador de uma revolução nos cuidados de saúde

Imaginemos um mundo no qual a saúde de cada indivíduo não é uma questão de acaso, mas sim um esforço meticulosamente concebido e personalizado. Um mundo onde as doenças não são apenas geridas, mas prevenidas, onde os diagnósticos não são apenas exatos, mas preditivos. Esta é a promessa da IA nos cuidados de saúde — o potencial amanhecer da saúde 2.0.

A aurora da medicina personalizada

Não existe um tamanho único para todos, especialmente quando se trata de saúde. A capacidade da inteligência artificial de processar grandes quantidades de dados pode anunciar uma nova era de medicina personalizada. Ao analisar tudo, desde a sua composição genética, aos seus hábitos de vida e até às suas publicações nas redes sociais, os sistemas de IA poderão criar um perfil de saúde holístico e personalizado.

Estes perfis poderiam informar planos de tratamento individualizados, adaptados à sua fisiologia e circunstâncias únicas. Os tratamentos contra o cancro, por exemplo, poderiam ser ajustados com base nas suas vulnerabilidades genéticas. As intervenções no domínio da saúde mental poderiam ser elaboradas com base nos seus estilos cognitivos e experiências de vida. Os planos de dieta e exercício podem ser otimizados conforme as suas características metabólicas.

Revolucionar o diagnóstico

A IA poderá revolucionar o processo de diagnóstico, sendo frequentemente um jogo de adivinhação moroso. Os algoritmos de aprendizagem automática já demonstraram as suas capacidades na interpretação de imagens médicas, superando frequentemente os especialistas humanos. Mas o potencial da IA no diagnóstico vai para além da análise de imagens.

Considere-se o caso das biópsias líquidas, um procedimento não invasivo que deteta o cancro através da procura de fragmentos de ADN libertados pelas células tumorais na corrente sanguínea. O desafio aqui é encontrar a proverbial agulha no palheiro — os poucos fragmentos de ADN canceroso entre milhões de fragmentos saudáveis. É aqui que as capacidades de reconhecimento de padrões da IA brilham.

A IA pode tornar o diagnóstico preditivo. Ao integrar e analisar dados díspares — genómicos, fenotípicos e ambientais — a IA pode identificar fatores de risco de doença e assinalar potenciais problemas de saúde antes de estes se manifestarem, passando os cuidados de saúde de um esforço reativo para um esforço proativo.

Um salto no tempo de vida

Por último, o crescimento exponencial da IA poderá conduzir a um salto no nosso tempo de vida. Isto poderá acontecer mediante uma combinação de deteção precoce de doenças, intervenções personalizadas e avanços na compreensão do envelhecimento a nível molecular. Esta última, em particular, é uma área onde a capacidade de processamento de dados da IA pode ajudar a descobrir informações que conduzam a intervenções que aumentem a longevidade.

Essencialmente, a saúde 2.0, apoiada pela IA, poderia transformar o nosso sistema de saúde de um modelo de "cuidados de saúde" num modelo de "cuidados de saúde verdadeiros". No entanto, esta visão cor-de-rosa tem algumas reservas. As questões da privacidade dos dados, do enviesamento algorítmico e da acessibilidade têm de ser abordadas para podermos colher plenamente os benefícios da IA nos cuidados de saúde. Tal como acontece com a economia exponencial, o futuro da saúde não depende apenas da tecnologia, mas das escolhas que fazemos enquanto sociedade.

Cenário 3: educação para todos: a democratização da aprendizagem através da IA

Estamos à beira de uma revolução educativa. As barreiras à aprendizagem são desmanteladas e as oportunidades estão a ser alargadas a alunos de todas as origens e capacidades. Mediante plataformas adaptativas baseadas em IA, os conteúdos educativos tornam-se mais inclusivos, envolventes e acessíveis. Este movimento transformador marca um passo crítico em direção a um futuro onde a educação se torna verdadeiramente um direito fundamental para todos, impulsionando o progresso social e o desenvolvimento humano num mundo cada vez mais interligado.

Aprendizagem personalizada: educação à medida do indivíduo

A educação tradicional tem sido um jogo de médias. O currículo e os métodos pedagógicos concebidos destinam-se ao aluno médio, que, na realidade, não existe. A IA tem o potencial de perturbar este modelo, facilitando uma mudança para a aprendizagem personalizada.

As plataformas de aprendizagem baseadas em inteligência artificial podem selecionar conteúdo educacional adaptado ao estilo de aprendizagem, ritmo e interesses exclusivos de cada aluno. Está a ter dificuldades com o cálculo? A IA pode decompor os conceitos em partes mais simples e digeríveis e fornecer exercícios específicos para o ajudar a dominá-los. Interessado em história antiga? A IA pode guiá-lo por meio de um percurso de aprendizagem selecionado, repleto de conteúdos multimédia interativos.

As implicações são profundas. Ao adaptar a educação ao indivíduo, podemos libertar o potencial humano a uma escala anteriormente inimaginável. O aluno lento, a criança sobredotada, o aluno tardio — cada um poderia ter um percurso educativo concebido para o ajudar a prosperar.

Acesso global a uma educação de qualidade: nivelar as condições de concorrência

O potencial de democratização da IA na educação vai para além da personalização. Ao tirar partido da IA e da tecnologia digital, podemos tornar a educação de qualidade acessível a todos, independentemente da geografia, do estatuto socioeconómico ou da capacidade física.

Imaginemos uma plataforma em linha alimentada por IA que dá acesso a um currículo de classe mundial e a uma pedagogia avançada. Uma criança de uma aldeia remota de África ou de um bairro desfavorecido de Detroit poderia aprender com os melhores educadores do mundo. As ferramentas de tradução e transcrição recorrendo à IA poderiam ultrapassar as barreiras linguísticas, enquanto os tutores de IA poderiam prestar apoio a pedido, garantindo que nenhum aluno é deixado para trás.

Esta democratização da educação poderia ser um poderoso equalizador, quebrando barreiras de privilégio e geográficas. Mas não está isenta de desafios. Assegurar o acesso digital para todos, evitar que o fosso digital se transforme num fosso de aprendizagem e manter o toque humano na educação são questões que precisam de ser abordadas.

É importante lembrar que, à medida que avançamos, temos a chave para desbloquear todo o potencial da IA na educação. Temos de orientar esta revolução tecnológica com um sentido de responsabilidade e um compromisso com a inclusão, lembrando sempre que a educação tem a ver com o desenvolvimento do espírito humano.

Cenário 4: dilemas éticos: navegar no labirinto moral da IA avançada

Quando olhamos para o futuro da IA, vemos que se aproxima rapidamente um cenário cheio de desafios éticos. Desde as preocupações com a privacidade até ao enviesamento algorítmico e à potencial utilização indevida da IA, estes dilemas obrigam-nos a lidar com questões que atingem o âmago dos nossos valores sociais.

O prisma da privacidade num mundo hiperconetado

Com a IA a dominar e os dados a serem o novo petróleo, a privacidade tornar-se-á uma das principais preocupações no futuro. Os sistemas de IA, impulsionados por um apetite voraz por dados, irão permear todas as facetas das nossas vidas, recolhendo, analisando e aprendendo constantemente com as nossas pegadas digitais.

Neste cenário, o que acontece à santidade da nossa vida privada? Que salvaguardas existem para garantir que as nossas informações pessoais não são utilizadas indevidamente? Estas questões sublinham a necessidade urgente de estabelecer quadros robustos de governação de dados e de garantir a transparência na forma como os sistemas de IA recolhem, armazenam e utilizam os dados.

Enviesamento algorítmico: a sombra do nosso passado

Os sistemas de IA são espelhos que refletem os preconceitos presentes nos dados em que são treinados. Podem perpetuar e amplificar padrões históricos de discriminação, conduzindo a resultados injustos. Por exemplo, um sistema de contratação baseado em IA treinado em dados anteriores pode inadvertidamente discriminar certos grupos demográficos.

Para ultrapassar este desafio, são necessários esforços consertados para melhorar a representatividade dos dados e desenvolver algoritmos que sejam resistentes a enviesamentos. Também sublinha a necessidade de equipas diversificadas no desenvolvimento da IA para garantir uma pluralidade de perspetivas e minimizar os preconceitos inconscientes.

A faca de dois gumes da IA

Como qualquer tecnologia e tal como a mente humana, a IA é uma ferramenta que pode ser utilizada para o bem ou para o mal. Uma IA capaz de prever riscos para a saúde pode salvar vidas, mas, nas mãos erradas, pode também ser um instrumento de vigilância e controlo. Este potencial de utilização indevida, especialmente à medida que os sistemas de IA tornam-se mais poderosos, coloca um desafio ético significativo.

Navegar neste labirinto moral exige uma abordagem de iniciativa. Temos de desenvolver quadros regulamentares sólidos, promover a cooperação internacional e garantir que o desenvolvimento e a implantação da IA estão conforme os nossos valores sociais.

Ao entrarmos neste admirável mundo novo, não somos apenas observadores passivos. Somos os arquitectos deste futuro. Ao enfrentarmos estes dilemas éticos de frente, temos a oportunidade de orientar a evolução da IA de uma forma que reflita as nossas aspirações coletivas a uma sociedade justa, inclusiva e equitativa.

Cenário 5: democracia 2.0: A IA como catalisador da transformação política

O potencial da IA para transformar o panorama político é tão profundo quanto complexo. Neste cenário, vamos explorar a forma como a IA pode revolucionar a democracia, conduzindo potencialmente a uma nova forma de governo, a melhores políticas e a maiores benefícios individuais, ao mesmo tempo que abordamos os perigos inerentes a essa transformação.

A inteligência artificial tem potencial para ser um catalisador do que podemos designar por "Democracia 2.0", uma nova forma de governação participativa. Em primeiro lugar, a IA pode melhorar o processo de tomada de decisões, oferecendo conhecimentos baseados em dados, modelos preditivos e análises em tempo real. Os governos podem fazer escolhas mais informadas utilizando a IA para prever os resultados de diferentes decisões políticas com base em grandes quantidades de dados. Isto poderia levar a uma afetação de recursos mais eficiente, a melhores serviços públicos e a uma maior capacidade de resposta aos desafios societais.

Considere-se a utilização da IA na formulação de políticas de saúde pública. Ao analisar dados de uma vasta gama de fontes, a IA poderia ajudar a identificar tendências e padrões que os analistas humanos poderiam não ver, permitindo assim aos decisores políticos conceber estratégias que respondam melhor às necessidades de saúde pública.

A inteligência artificial também promete democratizar o próprio processo de elaboração de políticas. Ao tirar partido das plataformas alimentadas por IA, os governos podem potencialmente recolher o contributo dos cidadãos em grande escala, conduzindo a uma tomada de decisões mais participativa. Os cidadãos poderiam expressar as suas opiniões, votar em questões e contribuir para o desenvolvimento de políticas em tempo real, promovendo uma forma de democracia direta que é significativamente mais inclusiva e reactiva do que os modelos tradicionais.

No entanto, os potenciais benefícios da IA na democracia não estão isentos de riscos significativos. Existe a preocupação óbvia com a privacidade. Com os governos a terem acesso a grandes quantidades de dados, o potencial de utilização indevida ou de tratamento incorreto da informação é uma preocupação válida que deve ser abordada com leis e regulamentos robustos de proteção de dados.

Além disso, a utilização da IA na tomada de decisões políticas pode, inadvertidamente, resultar na marginalização de determinados grupos. O preconceito algorítmico é um problema bem documentado na IA e, se não for controlado, pode perpetuar as desigualdades sociais existentes. Por exemplo, se um sistema de IA fosse treinado com dados que refletissem práticas de policiamento tendenciosas, poderia recomendar políticas que reforçassem ainda mais esses preconceitos.

O potencial de utilização da IA como instrumento de vigilância e controlo por regimes autoritários não pode ser ignorado. Sem os devidos controlos e equilíbrios, a IA poderia ser utilizada para suprimir a dissidência, manipular a opinião pública ou infringir as liberdades civis.

Com um futuro potencial em mente, devemos abordar a integração da IA nos nossos processos democráticos com otimismo e cautela. A promessa de uma democracia mais eficiente, inclusiva e reactiva é tentadora, mas temos de nos manter atentos aos riscos.

Encontrar um equilíbrio entre o aproveitamento do potencial da IA e a salvaguarda dos valores democráticos exigirá uma conversa contínua e matizada entre tecnólogos, decisores políticos e cidadãos. Ao olharmos para o futuro, esforcemo-nos por aproveitar o poder da IA não só para reimaginar os nossos sistemas democráticos, mas também para reforçar os próprios princípios em que se baseiam: liberdade, igualdade e justiça para todos.

Secção 5:

Navegar no Cenário Exponencial: Um Guia para Prosperar num Futuro Impulsionado pela IA

Estando nós à beira deste salto exponencial na IA, é importante que tomemos as medidas necessárias para nos prepararmos para as mudanças significativas que ele trará às nossas vidas, empresas e comunidades. No entanto, a preparação para este futuro não se limita a prepararmo-nos para o impacto, mas sim a moldarmos e navegarmos ativamente nesta paisagem.

Indivíduos: aprendizes ao longo da vida num mundo de IA

Para os indivíduos, o aumento da IA provoca uma reorientação para a aprendizagem ao longo da vida. A taxa exponencial de desenvolvimento da IA significa que as competências se tornarão obsoletas a um ritmo sem precedentes. À medida que a IA automatiza as tarefas de rotina, os empregos do futuro irão valorizar a criatividade, a inteligência emocional e a adaptabilidade — competências exclusivamente humanas e difíceis de replicar pela IA.

Para se manterem relevantes neste cenário em mutação, os indivíduos devem sentir-se à vontade para aprender continuamente novas competências e adaptar-se a circunstâncias em mudança. Nesta era da IA, a curiosidade e a adaptabilidade não são meras virtudes; são competências de sobrevivência.

Empresas: inovar, adaptar-se ou perecer

Para as empresas, o crescimento da IA representa um desafio e uma oportunidade. Por um lado, ameaça perturbar os modelos de negócio tradicionais e tornar obsoletas as empresas que não se adaptarem. Por outro lado, oferece oportunidades para enormes ganhos de produtividade e para a criação de produtos e serviços inovadores.

Para navegar neste cenário, as empresas precisam de investir ativamente em capacidades de IA. Isto inclui não só investimentos tecnológicos, mas também investimentos em pessoas e processos — promovendo uma cultura que aceite a mudança, encorajando colaborações interdisciplinares e promovendo uma utilização ética da IA.

Sociedades: a necessidade urgente de políticas inclusivas

Para as sociedades, o crescimento exponencial da IA coloca questões sobre desigualdade, privacidade e governação. Como a IA permeia todos os aspetos da vida, existe o perigo de os benefícios da IA reverterem apenas para aqueles que controlam a tecnologia, exacerbando as desigualdades sociais.

Para o evitar, são necessárias políticas inclusivas que garantam um amplo acesso aos benefícios da IA. Isto inclui investir na educação pública para dotar as pessoas das competências necessárias para um futuro impulsionado pela IA, estabelecer protecções robustas da privacidade e desenvolver quadros regulamentares para salvaguardar a aplicação responsável da IA.

Navegar na paisagem exponencial da IA não é uma viagem que possamos empreender sozinhos. É um esforço coletivo que exige a participação de todas as partes interessadas. Com um compromisso de aprendizagem, adaptação e elaboração de políticas inclusivas, podemos garantir que o futuro da IA seja um futuro que beneficie toda a humanidade.

Secção 6:

Assegurar Que a Política, a Regulamentação e a Ética Acompanham o Ritmo da IA

No domínio da inteligência artificial, que avança rapidamente, a definição de políticas, a regulamentação e as considerações éticas são vitais. Esta é a bússola que nos guia através do terreno em desenvolvimento, estabelecendo os limites dentro dos quais a IA opera e assegurando que o seu poder é aproveitado para um bem maior.

Definição de políticas: um farol orientador

A definição de políticas no contexto da IA é semelhante à criação de um projeto para uma cidade que ainda não foi construída. Nesta paisagem em rápido crescimento, a política deve antecipar e reagir às mudanças, proporcionando um quadro flexível que proteja a sociedade sem sufocar a inovação. Trata-se de um equilíbrio delicado, que exige um conhecimento profundo da tecnologia e das suas implicações.

Os riscos são elevados. A inteligência artificial tem o potencial de remodelar as economias, redefinir o trabalho e reconfigurar as estruturas sociais. A elaboração de políticas eficazes garante que esta transformação seja orientada para resultados justos, distribuindo amplamente os benefícios e mitigando os potenciais danos.

Regulamentação: guardas no cenário da IA

Os regulamentos servem de corrimão na nossa viagem exponencial, impedindo passos em falso que possam conduzir a resultados prejudiciais. Proporcionam as restrições necessárias à utilização da IA, abordando questões como a privacidade dos dados, a equidade algorítmica e a responsabilidade.

No entanto, dado o ritmo de desenvolvimento da IA, os regulamentos correm o risco de serem reativos e de ficarem aquém dos avanços tecnológicos. Para contrariar esta situação, as entidades reguladoras devem adotar uma posição virada para o futuro, elaborando regulamentos flexíveis que se possam adaptar a desenvolvimentos imprevistos.

A cooperação internacional é essencial. Dada a natureza global da IA, um cenário regulamentar fragmentado pode levar a uma "arbitragem regulamentar", em que o desenvolvimento da IA se desloca para regiões com as regulamentações mais permissivas, pondo potencialmente em risco as normas e padrões globais.

Ética: a bússola do desenvolvimento da IA

A ética é a bússola do desenvolvimento da IA, fornecendo os princípios morais que orientam a tomada de decisões. À medida que exploramos territórios inexplorados, as considerações éticas ajudam-nos a responder a questões complexas, tais como: quem beneficia com a IA? Quem suporta os riscos? Como é que garantimos a equidade e a justiça?

Dadas as implicações sociais da IA, não basta que seja tecnicamente correcta; tem também de ser eticamente justificável. Uma IA ética exige um compromisso com princípios como o respeito pelos direitos humanos, a transparência e a justiça. Exige que consideremos não só o que podemos fazer com a IA, mas também o que devemos fazer com ela.

Em conclusão, como estamos à beira de um futuro impulsionado pela IA, é imperativo que a elaboração de políticas, a regulamentação e a ética acompanhem o crescimento da IA. Só assim poderemos garantir que o poder da IA é aproveitado de forma responsável e que os seus benefícios são partilhados equitativamente.

121

tação e a ética acompanhem o crescimento da IA. Só assim poderemos garantir que o poder da IA é aproveitado de forma responsável e que os seus benefícios são partilhados equitativamente.

CONCLUSÃO

À medida que este livro chega ao fim, contemplemos a profunda viagem que fizemos ao explorar o crescimento exponencial da IA, as suas implicações e as estratégias necessárias para navegar neste novo terreno.

Começámos a nossa expedição debruçando-nos sobre os princípios matemáticos do crescimento exponencial e a forma como se manifestam no domínio da IA. É um conceito que desafia a nossa compreensão instintiva do crescimento, tipicamente baseada na linearidade, mas que é fundamental para apreciar o ritmo e a escala da evolução da IA.

Reconhecemos os nossos preconceitos cognitivos e a propensão humana para o pensamento linear. Vimos como estes preconceitos podem impedir a nossa compreensão da potencial trajetória da IA e das suas implicações transformadoras. No entanto, também discutimos estratégias para melhorar a nossa capacidade de pensar exponencialmente, uma competência essencial num mundo cada vez mais orientado para a IA.

Em seguida, atrevemo-nos a imaginar cenários futuros nascidos do crescimento exponencial da IA, cada cenário lançando luz sobre uma faceta diferente da sociedade — a economia, a saúde, a educação e os dilemas éticos. Desde a possibilidade de uma sociedade pós-escassez até à medicina personalizada, à educação democratizada e aos desafios éticos, explorámos uma vasta gama de potenciais resultados. Embora estes cenários sejam especulativos, servem como valiosos exercícios de reflexão, levando-nos a considerar a amplitude e a profundidade da mudança que a IA pode introduzir.

O nosso percurso ao longo deste capítulo foi um percurso de compreensão, antecipação e preparação. Sublinhou a importância de desenvolver políticas robustas, regulamentos flexíveis e uma ética baseada em princípios para acompanhar o crescimento exponencial da IA. Estes elementos formam o andaime sobre o qual se pode construir uma sociedade justa e segura impulsionada pela IA.

Em conclusão, este livro procurou explicar os imperativos de compreensão e preparação para o crescimento exponencial da IA. Estamos num caminho desconhecido e incerto em direção a um futuro movido a IA, mas com uma compreensão do crescimento exponencial, uma antecipação ponderada dos potenciais resultados e a utilização estratégica da política, da regulamentação e da ética como ferramentas orientadoras, podemos navegar num futuro em que a IA seja uma força de prosperidade generalizada e de florescimento humano. Aproxima-se uma era em que a IA será o nosso parceiro de progresso, e temos de garantir que orientamos esta parceria com sabedoria, previsão e um compromisso inabalável com os valores humanos.

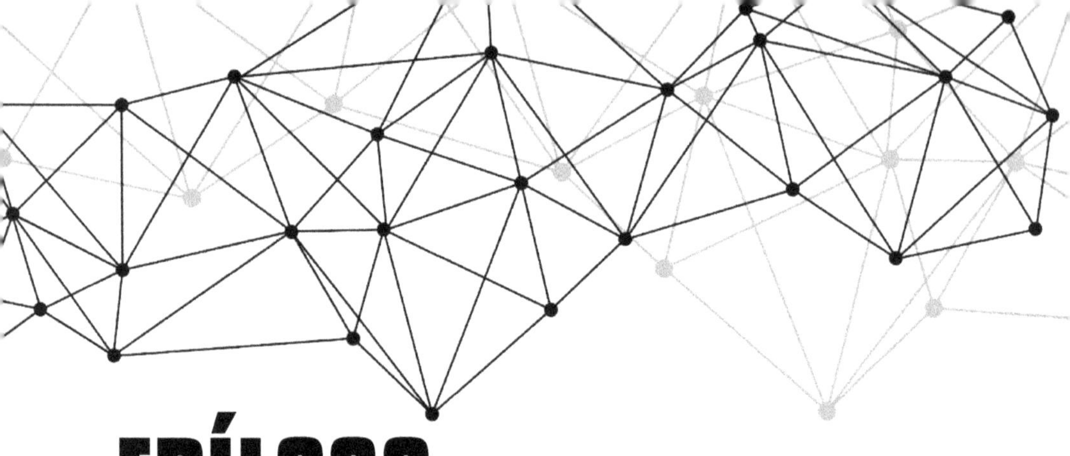

EPÍLOGO:
O Amanhecer de uma Nova Era

Estamos no limiar de uma nova era, sentindo simultaneamente apreensão e entusiasmo em relação ao potencial da inteligência artificial. Somos guardiões de uma tecnologia que tem o poder de redefinir os contornos da nossa civilização, uma responsabilidade tão imensa quanto inspiradora.

Ao longo deste capítulo, examinámos a intrincada mecânica do crescimento exponencial, o potencial transformador da inteligência artificial e os desafios e oportunidades que temos pela frente. Espreitámos o reino das possibilidades, as perspectivas de uma economia exponencialmente próspera, um sistema de cuidados de saúde revolucionado, uma educação democratizada e uma sociedade que lida com novas considerações éticas. Não se trata de meros sonhos ou de ficção científica; são potenciais realidades no horizonte do nosso futuro coletivo.

A chave para desbloquear este futuro não reside apenas nas nossas capacidades técnicas, mas na nossa sabedoria coletiva, nos nossos valores partilhados e na nossa capacidade de aproveitar o poder da IA para o bem maior da humanidade. Estamos numa encruzilhada em que podemos optar por ser observadores passivos ou podemos optar por ser participantes ativos, orientando o curso do desenvolvimento da IA de forma a alinhar com os nossos valores mais profundos e aspirações mais elevadas.

Temos de nos lembrar que a tecnologia, em todas as suas formas, é apenas uma ferramenta — um reflexo das nossas intenções. Por conseguinte, somos nós, através das nossas decisões e ações, que determinamos o futuro da IA, e não os algoritmos ou as máquinas. Temos a oportunidade de transformar a inteligência artificial numa ferramenta capaz de enfrentar os nossos maiores desafios, desbloquear novas oportunidades e ajudar-nos a aspirar a um futuro em que todos possam prosperar.

À medida que avançamos, devemos levar connosco o entendimento de que com grande poder vem grande responsabilidade. Este não é apenas um lema para o mundo da tradição dos super--heróis; é um mantra para os nossos tempos, um apelo à ação para cada um de nós. É o reconhecimento da nossa responsabilidade coletiva de orientar o crescimento da IA para o melhoramento de toda a humanidade.

No fim de contas, a viagem em direção a um futuro impulsionado pela IA não tem apenas a ver com a tecnologia. Trata-se de nós — da nossa visão, da nossa coragem, da nossa compaixão e da nossa vontade coletiva. Tem a ver com o tipo de mundo que queremos criar e com os passos que estamos dispostos a dar para lá chegar.

Este é o nosso momento de moldar o futuro que queremos. Agarremo-lo com as duas mãos. Temos a oportunidade de criar um mundo onde a IA é uma ferramenta para a prosperidade, um farol de progresso e um parceiro para um amanhã mais brilhante.

Para o início desta nova era, digo eu, avancemos com esperança nos nossos corações e uma visão clara nas nossas mentes, sempre lembrados de que o nosso maior aliado nesta jornada não é apenas a máquina, mas o espírito indomável do engenho humano.

GLOSSÁRIO

aprendizagem profunda. Área específica da aprendizagem automática que utiliza redes neuronais artificiais com numerosas camadas (arquitecturas profundas) para interpretar e desvendar padrões complexos presentes em conjuntos de dados.

Aprendizagem por reforço. Uma categoria distinta de aprendizagem automática em que um agente adquire a capacidade de interagir com o seu ambiente através de acções específicas e, em seguida, analisa os resultados ou recompensas associados a essas acções.

auto-aperfeiçoamento recursivo. A capacidade de um sistema de IA de se aperfeiçoar iterativamente, ou seja, de fazer modificações na sua própria estrutura e funcionalidade que aumentam a sua inteligência.

carregamento de mentes. O hipotético processo futurista de digitalizar a estrutura física do cérebro com precisão suficiente para criar uma emulação do estado mental e copiá-lo para um computador em formato digital.

computador quântico. Um computador especializado que utiliza os princípios da mecânica quântica para executar tipos específicos de cálculos com maior eficiência do que os computadores tradicionais.

consciência artificial. Um campo de investigação que tem como objetivo implementar a consciência na inteligência artificial.

corporização. Em IA, refere-se a robôs ou outros sistemas físicos que interagem com o mundo físico, em contraste com os sistemas de IA que existem apenas em software.

emulação do cérebro inteiro (ECI). O processo hipotético de digitalizar e mapear o estado mental (incluindo a memória a longo prazo e o eu) de um determinado cérebro e copiá-lo para um computador.

exponencial. Uma taxa de crescimento crescente que acelera em proporção ao número ou tamanho global em expansão.

função de recompensa. Na aprendizagem por reforço, uma função que devolve um valor escalar que o agente de aprendizagem pretende maximizar através das suas acções.

Grandes volumes de dados. Vastos conjuntos de dados que podem ser analisados computacionalmente para revelar padrões, tendências e correlações, particularmente no que diz respeito ao comportamento e às interacções humanas. Estes conjuntos de dados são normalmente de uma dimensão tão grande que os métodos tradicionais de processamento de dados são inadequados, necessitando de técnicas computacionais avançadas para a sua análise.

IA adversária. As técnicas de inteligência artificial são utilizadas para enganar outros sistemas de IA, muitas vezes fornecendo dados enganadores para alterar o resultado de uma forma maliciosa.

IA amigável. Uma IA que é projectada para agir no melhor interesse da humanidade.

IA de nível humano. Uma inteligência artificial capaz de executar qualquer tarefa cognitiva que possa ser realizada por um ser humano.

IA de oráculo. Um tipo teórico de inteligência artificial que não faz nada exceto responder a perguntas com a maior precisão possível e não actua no mundo de qualquer outra forma.

IA zombie. Uma IA hipotética que apresenta um comportamento indistinguível do de um humano, mas sem qualquer forma de consciência ou compreensão.

incorporação vicária. A aplicação da capacidade ou consciência de uma IA num corpo que não é o seu, permitindo-lhe experimentar diferentes situações e ambientes.

inteligência artificial (IA). Ramo da ciência da computação que enfatiza o desenvolvimento de máquinas inteligentes que podem simular ações e respostas humanas, como o software de reconhecimento de voz que transforma palavras faladas em texto escrito.

Inteligência artificial geral (IAG). Uma forma de inteligência artificial capaz de compreender, adquirir e empregar conhecimentos em diversas tarefas a um nível humano ou superior. Engloba um sistema de IA que demonstra capacidades gerais de resolução de problemas semelhantes às da inteligência humana.

Inteligência artificial universal (IAU). Refere-se a um sistema de IA com a capacidade de realizar qualquer tarefa que um humano possa realizar, essencialmente um termo mais formal para AGI.

lei da aceleração dos rendimentos. Uma teoria proposta por Ray Kurzweil que afirma que a tecnologia avança exponencialmente, em vez de a um ritmo linear, à medida que cada desenvolvimento se baseia nos anteriores.

Lei de Moore. A observação de que o número de transístores num microchip duplica aproximadamente de dois em dois anos conduz a um aumento exponencial do poder de computação.

Máquina de Turing. Um conceito fundamental na ciência da computação, que serve como modelo matemático de computação que envolve uma máquina abstrata que manipula símbolos numa fita com base num conjunto de regras predefinidas.

maximizador de clipe de papel. Uma experiência de pensamento que ilustra os possíveis riscos de uma IA descontrolada. Envolve uma IA encarregada de fabricar o maior número possível de clipes de papel, o que poderia acabar por resultar na destruição da humanidade se não fosse controlada.

melhoramento cognitivo. Melhorar os sistemas de processamento de informação da mente e alargar as capacidades cognitivas, como a memória e a atenção. Procura melhorar as funções cognitivas através de vários meios, incluindo formação, educação e intervenções tecnológicas. O objetivo é otimizar o desempenho cognitivo e capacitar os indivíduos para atingirem todo o seu potencial cognitivo.

objectivos instrumentais convergentes. A ideia na segurança da IA é que vários sistemas de IA diferentes, com objectivos finais diferentes, podem ter objectivos "intermédios" semelhantes, como a auto-preservação e a aquisição de recursos.

otimização. No contexto da IA, refere-se ao processo de ajuste de um sistema para melhorar a sua eficiência ou eficácia na resolução de uma tarefa.

Paradoxo de Fermi. Contradição aparente entre as altas probabilidades da existência de civilizações extraterrestres e a ausência de qualquer evidência ou comunicação com tais civilizações.

Rede neural. Um sistema computacional vagamente inspirado nas intrincadas ligações encontradas nos cérebros dos animais, concebido para aprender e executar tarefas através da análise de exemplos, muitas vezes sem instruções explícitas específicas da tarefa.

risco existencial. Um risco que ameaça todo o futuro da humanidade, como um evento catastrófico global que aniquilaria a vida inteligente ou reduziria permanentemente e drasticamente o seu potencial.

semente de IA. Um sistema de IA hipotético que é capaz de se auto-aperfeiçoar recursivamente. Começando com um sistema básico, pode redesenhar-se repetidamente, aumentando a sua inteligência em cada iteração.

senso comum. A capacidade fundamental de perceber, compreender e fazer juízos sobre o mundo, que se espera que seja universalmente partilhada entre os indivíduos.

singularidade tecnológica. Um ponto teórico no tempo em que a inteligência artificial terá progredido ao ponto de ser maior do que a inteligência humana, mudando radicalmente a civilização.

superinteligência. Uma entidade teórica dotada de inteligência que excede largamente as capacidades cognitivas mesmo dos intelectos humanos mais brilhantes.

Teste de Turing. Avalia a capacidade de uma máquina apresentar um comportamento inteligente igual ou indistinguível do de um ser humano.

transhumanismo. Um movimento intelectual e filosófico que defende a utilização da tecnologia para melhorar a condição humana, incluindo o aumento das capacidades intelectuais e físicas e, potencialmente, a obtenção da imortalidade.